ERIK JAYME

Kollisionsrecht und Bankgeschäfte mit Auslandsberührung

Untersuchungen über das
Spar-, Giro- und Kreditwesen

Abteilung B: Rechtswissenschaft

Schriften des Instituts für internationales Recht
des Spar-, Giro- und Kreditwesens an der Universität Mainz

Herausgegeben von
Prof. Dr. Walther Hadding und Prof. Dr. Uwe H. Schneider

Band 14

Kollisionsrecht und Bankgeschäfte mit Auslandsberührung

Von

Prof. Dr. Erik Jayme, LL. M.
Universität München

DUNCKER & HUMBLOT / BERLIN

Alle Rechte vorbehalten
© 1977 Duncker & Humblot, Berlin 41
Gedruckt 1977 bei Buchdruckerei A. Sayffaerth - E. L. Krohn, Berlin 61
Printed in Germany
ISBN 3 428 03861 4

Inhaltsverzeichnis

I. *Einführung* 7

II. *Fälle* 10
   1. Akkreditiv: Zum Verhältnis von „dépeçage" und akzessorischer Anknüpfung 10
   2. Parteiautonomie und zwingendes Personalstatut 14
      a) Schenkungen von Todes wegen 14
      b) Güterrecht und „joint bank account" 16

III. *Internationales Vertragsrecht heute* 19
   1. Besonderes Annahmestatut: AGB 21
   2. Einseitige Kollisionsnormen: Börsentermingeschäfte 22
   3. Datum-Theorie 25
      a) „Local data" 25
      b) „Moral data" 26
   4. Methode der jurisdiktionellen Schwerpunktbildung — Forum non conveniens 28

IV. *Anknüpfung komplexer Bankgeschäfte* 31
   1. Direktansprüche 31
   2. Dokumentenakkreditiv 32
      a) Dépeçage: Kaufvertrag und Akkreditiv 33
      b) Akzessorische Anknüpfung: Gesamtschuld der beiden Banken 34

V. *Thesen* 38

Anhang 40

Sachverzeichnis 45

I. Einführung*

Als Kegel 1966 seine grundlegende Studie über die Bankgeschäfte im deutschen internationalen Privatrecht verfaßte, konnte er feststellen, daß in rund 40 Jahren kaum mehr als zwei Dutzend Entscheidungen veröffentlicht worden seien. Er führte dies auf die Umsicht und reichen Erfahrungen der Banken zurück, ferner darauf, daß die Banken Prozesse scheuen[1]. Daran hat sich auf den ersten Blick wenig geändert. Hinzu kommt, daß das internationale Bankrecht vielfach Handelsbräuche herausgebildet hat, welche als „transnationales" Recht den Bankverkehr mit dem Ausland weitgehend bestimmen. Man hat sogar generell von der Unzulänglichkeit des Kollisionsrechts, das einen Auslandsfall einer nationalen Rechtsordnung zuweist, gesprochen[2] und gemeint, zugunsten gesonderter materieller Lösungen auf das internationale Privatrecht herkömmlicher Prägung verzichten zu können. Dem ist entgegenzuhalten, daß nationale Lösungen zwar nicht immer für Fälle mit Auslandsberührung passen; sie sind aber doch eher vorhersehbar und bestimmbar als neu zu formulierende Sachnormen, deren Inhalt ungewiß ist[3]. Die Wahrheit liegt also wohl in der Mitte. Beide Methoden, die kollisionsrechtliche, wie die materiellrechtliche, ergänzen einander.

---

* Vortrag gehalten am 21.1.1977 auf Einladung des Instituts für Internationales Recht des Spar-, Giro- und Kreditwesens an der Johannes-Gutenberg-Universität in Mainz. Die Form des Vortrags wurde beibehalten. Wertvolle Hinweise verdanke ich Herrn Professor Dr. Ernst Steindorff, München. Das Manuskript habe ich in der vorzüglich ausgestatteten Gesamtbibliothek der Juristischen Lehrstühle der Technischen Hochschule Darmstadt verfaßt. Herrn Professor Dr. Paul Hofmann, Darmstadt, bin ich für die Gastfreundschaft und stete Hilfsbereitschaft sehr verbunden. Soweit die erwähnten Gesetzestexte nicht in den Fußnoten wiedergegeben sind, wird auf den Anhang verwiesen.

[1] *Kegel*, Die Bankgeschäfte im deutschen internationalen Privatrecht, Gedächtnisschrift Rudolf Schmidt (1966), S. 215.

[2] *Horn*, Das Recht der internationalen Anleihen (1972), S. 481 - 496. Zu dieser Kritik vgl. allgemein *Beitzke*, Nationales Recht für internationale Sachverhalte? in: Anzeiger der phil.-hist. Klasse der Österreichischen Akademie der Wissenschaften 111 (1974), S. 277 ff.

[3] Es fällt z. B. auf, daß selbst die Einheitlichen Kaufgesetze in der Praxis in der Regel zugunsten des allgemeinen nationalen Rechts ausgeschlossen werden. Vgl. aber auch OLG Bamberg, 5.11.1976, NJW 1977, 505 f.

Eine Beschäftigung mit dem Kollisionsrecht der Bankgeschäfte erscheint durchaus lohnend. Zum einen kann man nämlich bemerken, daß der kollisionsrechtliche Aspekt bei vielen Entscheidungen zwar vorhanden, aber nicht voll ins Bewußtsein getreten ist[4]. Zum anderen ist das internationale Schuldvertragsrecht im Umbruch. Neben die klassische Methode der Verweisungsregeln treten einseitige Grenznormen[5]. Der Einfluß der einzelnen Sachnormen auf das Kollisionsrecht nimmt zu mit der Folge, daß komplexe Lebensverhältnisse aufgespalten werden[6]. Der internationalprivatrechtliche Modebegriff der „dépeçage" beschreibt diesen Zustand, ohne allerdings selbst eine Antwort zu geben[7]. Ausländisches Recht kann ferner trotz Anwendbarkeit inländischen Rechts gleichsam als Faktum am Subsumtionsvorgang teilnehmen[8]. Angesprochen ist dabei das, was im amerikanischen Kollisionsrecht als „datum-Theorie" bezeichnet wird[9]. Schließlich sei die jurisdiktionelle Methode der Schwerpunktbildung erwähnt[10]. Es erscheint somit reizvoll, die

---

[4] Vgl. z. B. OLG Bremen, 22. 6. 1971, WM 1973, 1228, und hierzu *Jayme*, Sprachrisiko und internationales Privatrecht beim Bankverkehr mit ausländischen Kunden, Festschrift Bärmann (1975), 509 ff.

[5] Zur Durchsetzung solcher, international zwingenden Regeln („lois d'ordre public") der lex fori vgl. vor allem *Wengler*, Die Anknüpfung des zwingenden Schuldrechts im internationalen Privatrecht, ZverglRW 54 (1941), 168 ff., 173 ff. Vgl. auch *Mann*, Eingriffsgesetze und Internationales Privatrecht, in: Festschrift Wahl (1973), S. 139 ff. = in Beiträge zum Internationalen Privatrecht (1976), S. 178 ff.; *Schulte*, Die Anknüpfung von Eingriffsnormen, insbesondere wirtschaftsrechtlicher Art, im internationalen Vertragsrecht (1975).

[6] Grundlegend *Cavers*, A Critique of the Choice-of-Law Problem, Harvard L. Rev. 47 (1933) 173 ff., 192 ff.

[7] Vgl. hierzu *Ehrenzweig*, Private International Law I (1967), S. 119 - 121; *Reese*, Dépeçage — A Common Phenomenon in Choice of Law, Columbia L. Rev. 73 (1973), 58 ff.; *Weintraub*, Beyond Dépeçage: A "New Rule" Approach to Choice of Law in Consumer Credit Transactions and a Critique of Territorial Application of the Uniform Consumer Credit Code, Case Western L. Rev. 25 (1975), 16 ff.; *Lagarde*, Le dépeçage dans le droit international privé des contrats, Rivista di diritto internazionale privato e processuale 1975, 649 ff. Vgl. allgemein *Wilde*, Dépeçage in the Choice of Tort Law, Southern California L. Rev. 41 (1968), 329 ff.

[8] Vgl. hierzu *Jayme*, Ausländische Rechtsregeln und Tatbestand inländischer Sachnormen, Gedächtnisschrift Ehrenzweig (1976), 37 ff.

[9] *Kay*, Conflict of Laws: Foreign Law as Datum, California L. Rev. 53 (1965), 47 ff.; *Ehrenzweig*, oben Note 5, S. 83 - 85.

[10] Bei Verträgen wird häufig der Erfüllungsort als Anknüpfungskriterium für die internationale Zuständigkeit angesehen. Vgl. z. B. Art. 5 (1) des EWG-Übereinkommens über die gerichtliche Zuständigkeit und die Vollstreckung gerichtlicher Entscheidungen in Zivil- und Handelssachen (in Kraft zwischen den Alt-EWG-Staaten seit 1. 2. 1973). In solchen Fällen fallen

Verbindung herzustellen zwischen den Bankgeschäften mit Auslandsberührung und den Entwicklungen, die das internationale Vertragsrecht im Rahmen des Kollisionsrechts erfahren hat, und gleichsam die den Bankgeschäften eigentümlichen Fragen mit den allgemeinen Theorien zu konfrontieren.

In einem ersten Teil möchte ich einige spektakuläre Fälle behandeln, um das Terrain abzustecken. Im zweiten Teil sei ein Blick auf den aktuellen Stand des internationalen Schuldvertragsrechts und seine Bedeutung für die Bankgeschäfte geworfen. Im Schlußteil möchte ich dann einige Betrachtungen zur Frage der Anknüpfung komplexer Bankgeschäfte anstellen.

---

anwendbares Recht und Erfüllungsort häufig zusammen, zumal der EuGH, 6. 10. 1976 — 12/76 —, RiW/AWD 1977, 40, Anm. *Linke*, die Bestimmung des Erfüllungsorts dem jeweiligen nationalen Kollisionsrecht überläßt. Zur Bedeutung und Bestimmung des Erfüllungsorts als Gerichtsstand bei Dokumenten-Akkreditiven vgl. *Schinnerer*, Rechtsfragen im internationalen Akkreditivgeschäft, ZfRVgl. 1961, 1 ff., 7.

Ist nach dem Kollisionsrecht der lex fori ausländisches Vertragsrecht maßgebend, so kann umgekehrt dieser Umstand dazu führen, daß amerikanische Gerichte mit Hilfe der „doctrine of forum non conveniens" die Entscheidung des Streitfalles ablehnen und den ausländischen Gerichten überlassen. Vgl. *Ehrenzweig / Jayme*, Private International Law III (1977), sec. 373, S. 38 - 40.

II. Fälle

1. Akkreditiv: Zum Verhältnis von „dépeçage" und akzessorischer Anknüpfung

Typisch für internationale Bankgeschäfte sind die beiden Akkreditiv-Fälle, welche das LG Frankfurt im Rahmen von Arrestprozessen jüngst zu entscheiden hatte[11]. Der faktische Hintergrund beider Verfahren war die Verstopfung des Hafens der nigerianischen Hauptstadt Lagos, die zu Forderungen ausländischer Exporteure auf Zahlung von Liegegeldern führte[12]. Die Central Bank of Nigeria hatte als Bank der nigerianischen Importeure den ausländischen Verkäufern Akkreditive eröffnet[13]. Die Exportfirmen klagten nun solche Liegegelder ein, nachdem die nigerianische Zentralbank den Korrespondenzbanken der Verkäufer mitgeteilt hatte, daß sie Zahlungen nur noch leiste, wenn sie die Dokumente vorher zur Zahlung freigegeben habe.

Betrachten wir nun die beiden Entscheidungen im einzelnen:

Im 1. Fall war Antragsteller anscheinend ein deutscher Verkäufer, Antragsgegner die nigerianische Zentralbank, die ein Akkreditiv eröffnet hatte, das u. a. durch eine deutsche Verkäuferbank bestätigt wurde[14]. Der Antragsteller stützte sein Begehren auf das zu seinen Gunsten eröffnete Akkreditiv, das seinerseits auf die Einheitlichen Richtlinien und Gebräuche der Internationalen Handelskammer für

---

[11] LG Frankfurt, 2. 12. 1975, NJW 1976, 1044; = Die Aktiengesellschaft 1976, 47 ff., Anm. *Mertens;* LG Frankfurt, 17. 3. 1976, WM 1976, 515.

[12] Zum faktischen Hintergrund vgl. *Mertens,* vorige Note, 49 - 50.

[13] Zur Rolle der Central Bank of Nigeria im nigerianischen Bankrecht vgl. den Central Bank of Nigeria Act, 1958, und hierzu *Oloyede,* The Bank Customer and Banking Law in Nigeria, Journal of African Law 19 (1975), 66 ff., 71 ff. Vgl. auch *Nwanko,* Bank Lending in a Developing Economy: The Nigerian Experience, a. gl. O., 84 ff.

[14] LG Frankfurt, 2. 12. 1975, NJW 1976, 1044. Ferner war das Dokumentenakkreditiv bei der Creditanstalt Bankverein Wien zahlbar gestellt, vgl. *U. H. Schneider,* Entwicklungstendenzen im Recht des Dokumenten-Akkreditivs, Sparkasse 93 (1976), 214. Zu den kollisionsrechtlichen Folgen bei mehrfachen Zahlstellen vgl. *Mertens,* oben Note 11, 51 linke Spalte.

1. Akkreditiv

Dokumentenakkreditive in der Fassung von 1962 verwies[15]. Die Gegenseite vertrat vor allem die Auffassung, daß sowohl die Gerichtsbarkeit als auch die internationale Zuständigkeit der deutschen Gerichte nicht gegeben seien. Sie scheint sich aber auch auf nigerianische Vorschriften berufen zu haben, welche das Transportministerium erlassen hatte. Nach diesen Bestimmungen waren die Lieferanten bzw. Verfrachter gehalten, die nigerianischen Hafenbehörden mindestens 2 Monate vor der Abfahrt von Schiffen nach Nigeria unter Angabe zahlreicher Einzelheiten zu unterrichten. Die Verschiffung bedurfte dann der Genehmigung durch die Hafenbehörden, die im vorliegenden Fall anscheinend nicht erteilt worden war. Kollisionsrechtlich ergibt sich also die Frage des Verhältnisses von Parteiautonomie und zwingenden öffentlich-rechtlichen Regeln eines eng mit dem Sachverhalt verbundenen Staates[16].

Die Frage des anzuwendenden Rechts hat das Gericht nur gestreift. Bei der Prüfung der Immunität der ausländischen Staatsbank kam es darauf an, ob die Eröffnung eines Dokumentenakkreditivs als hoheitlich (acta iure imperii) oder als nicht hoheitlich (acta iure gestionis) anzusehen sei. Das Gericht entschied sich für eine Qualifikation lege fori nach deutschem Recht, „zumal im vorliegenden Fall ein Inlandsbezug wegen des in F. zahlbar gestellten Akkreditivs und des deshalb hierauf anwendbaren deutschen Rechts vorliegt und schließlich nach deutschem Recht für das Arrestbegehren ein Gerichtsstand im Inland gegeben ist"[17]. Das Gericht knüpfte also — ohne weitere Begründung —

---

[15] Zur Reform und Neufassung der Einheitlichen Richtlinien im Jahre 1974 vgl. *Eisemann*, in: Rechtsfragen zum Dokumentenakkreditiv, Forschungsbericht 2 der Gesellschaft zur Förderung der Wissenschaftlichen Forschung über das Spar- und Girowesen e.V. (Stuttgart 1976), S. 9 ff.; vgl. auch *ders'.*, Considérations sur les règles et usances uniformes relatives aux credits documentaires (édition révisée 1974), Festschrift Bärmann (1975), S. 265 ff.

[16] Vgl. hierzu allgemein die Beratungen der 20. Kommission des Institut de Droit International zum Thema „L'application du droit public étranger" (Rapporteur: Lalive), in: Annuaire 56 (Session de Wiesbaden 1975), S. 157 - 278. Vgl. ferner Österreichischer OGH, 6. 4. 1976, JBl. 1977, 36. Es ging um die Klage einer Schweizer Bank gegen einen österreichischen Kaufmann aus Bank- und Börsengeschäften, welche der Beklagte ohne die nach österreichischem Devisenrecht erforderliche Bewilligung der Österreichischen Nationalbank abgewickelt hatte. Das Gericht wandte österreichisches Recht — entgegen der Wahl des Schweizer Rechts durch die Parteien — nicht nur für die devisenrechtlichen Fragen, sondern zugleich auch als Bereicherungsstatut (sog. „Vernichtungsstatut") an.

[17] LG Frankfurt, 2. 12. 1975, oben Note 11, 1045.

das Akkreditiv an den Erfüllungsort, d. h. an den Sitz der Korrespondenzbank, an.

Diese Ansicht hat das Gericht im 2. Fall ausgebaut[18]. Hier hatte die Antragstellerin sich Liegegeldforderungen für 15 Schiffe in Höhe von über 3 1/2 Millionen Dollar abtreten lassen und klagte diese nun gegen die nigerianische Zentralbank ein. Man stritt u. a. über die Übertragbarkeit des Akkreditivs, das nach der Vereinbarung nur einmal — und zwar auf den Bermudas, am Sitz des Exportunternehmens, übertragbar sein sollte. Korrespondenzbank war die Morgan Guaranty Trust Company in New York. Zur Frage des anwendbaren Rechts findet sich in der umfangreichen Entscheidung folgender Satz:

„Im übrigen hat die Antragstellerin unwidersprochen vorgetragen, daß nach dem für das von der Antragsgegnerin eröffnete Akkreditiv unstreitig maßgeblichen Recht des Zahlungsortes, New York, dem Uniform Commercial Code, die Abtretung der Zahlungsansprüche aus einem Akkreditiv stets zulässig sei[19]."

Noch deutlicher als im ersten Fall stellt sich hier die Frage nach dem Schuldstatut. Grundsätzlich gilt hier der ausdrückliche oder stillschweigend erklärte Parteiwille. Fehlt es an einer Rechtswahl durch die Parteien, so ist die Frage des auf das Akkreditiv anwendbaren Rechts umstritten. Das Verhältnis der eröffnenden Bank zum Verkäufer möchte Kegel grundsätzlich nach dem Recht der Bank entscheiden, weil sie berufstypisch leiste[20]. Das wäre hier das nigerianische Recht. Zu einem ähnlichen Ergebnis gelangt der BGH in einer Entscheidung vom 23. 3. 1955, wenngleich auf etwas anderem Wege[21]. Es klagte eine türkische Verkäuferin gegen eine deutsche Außenhandelsbank aus einem Akkreditiv, welches die Beklagte zugunsten der Klägerin bei einer italienischen Bank in Izmir eröffnet hatte. Der BGH knüpfte den Zahlungsanspruch an das Recht des Erfüllungsortes an, wobei er insoweit § 269 I BGB heranzog. Er kam so zum Sitz der Beklagten. Anwendbar war somit deutsches Recht. Die Gegenauffassung vertritt die Anwendbarkeit des Rechts der Bank, bei der das Akkreditiv zahlbar

---

[18] LG Frankfurt, 17. 3. 1976, oben Note 11.
[19] Vorige Note, 519 linke Spalte. § 5 - 116 (2) des Uniform Commercial Code (McKinney's Consolidated Laws of New York Annotated, vol. 62 1/2, Part. 2, suppl. 1976 - 77) lautet in Satz 1: "Even though the credit specifically states that it is nontransferable or nonassignable the beneficiary may before performance of the conditions of the credit assign his right to proceeds."
[20] *Kegel,* oben Note 1, S. 240.
[21] WM 1955, 765.

gestellt ist, was der Ansicht des LG Frankfurt gleichkommt[22]. Mittelmeinungen wollen einzelne Typen von Akkreditiven unterscheiden, so v. Caemmerer, der bei bestätigtem Akkreditiv das Recht der Verkäuferbank anwenden möchte[23]. „Hatte die Bank des Verkäufers das Akkreditiv aber nur zu avisieren", so spricht er sich für das Recht der Käuferbank aus, die sich nicht „dem ihr häufig unbekannten Recht im Lande des Begünstigten" habe unterwerfen wollen.

Gemeinsam ist den meisten Lösungen, daß die einzelnen Rechtsbeziehungen der typischerweise vier Beteiligten durchaus verschiedenen Rechten unterstellt werden. Das erscheint auf den ersten Blick dadurch gerechtfertigt, daß Kaufvertrag und Akkreditiv getrennte Rechtsgeschäfte sind[24]. Es fragt sich jedoch, wieweit diese Spaltung auch kollisionsrechtlich durchführbar ist, ohne daß Funktionsstörungen auftreten. Die einzelnen Rechtsbeziehungen der vier Beteiligten, Käufer und Verkäufer sowie der zwei Banken, sind wirtschaftlich so eng miteinander verbunden, daß ihre Unterstellung unter verschiedene Rechtsordnungen problematisch werden kann. Lassen sich Kaufvertrag und Akkreditiv vielleicht noch trennen, so können beim bestätigten Akkreditiv die kumulativen Zahlungsverpflichtungen der beiden Banken schwerlich gesondert angeknüpft werden. Allgemein gesehen geht es also um das Problem, wie weit ein solches wirtschaftlich einheitliches „Lebensverhältnis" kollisionsrechtlich gespalten werden darf. Es stellt sich die Frage, ob man nicht auf die Techniken einheitlicher Anknüpfungen zurückgreifen muß. Dabei empfiehlt es sich m. E., die jüngst im internationalen Deliktsrecht entwickelten Lösungswege hier einzusetzen, welche Spannungen durch akzessorische Anknüpfungen auszugleichen versuchen[25]. Solche Zusammenhänge gewinnen im internationalen Schuldrecht zunehmend an Bedeutung[26]. Zunächst spricht eine enge materielle Verknüpfung einzelner Beziehungen meist dafür, das anwendbare Recht einheitlich zu bestimmen[27]. Es ist dies ein Ordnungs-

---

[22] *Zahn*, Zahlung und Zahlungssicherung im Außenhandel (5. Aufl. 1976), S. 19 mit Nachweisen.

[23] JZ 1959, 363. So auch *Käser*, RabelsZ 33 (1969), 185 ff., 186 - 187.

[24] Vgl. hierzu *Eberth*, Erscheinungen im Recht und in der Praxis des Dokumenten-Akkreditivs in der Bundesrepublik Deutschland und in England, in: Rechtsfragen des Dokumentenakkreditivs, oben Note 15, S. 26 ff., 32.

[25] *Kropholler*, Ein Anknüpfungssystem für das Deliktsstatut, RabelsZ 33 (1969), 601 ff., 625 ff.

[26] Vgl. *Neuhaus*, Die Grundbegriffe des internationalen Privatrechts, 2. Aufl. 1976, S. 138 - 139, 281 - 282.

[27] Vgl. BGH, 19. 9. 1973, BGHZ 61, 221, 224 - 225 = IPRspr. 1973 Nr. 11, S. 31.

gesichtspunkt des Kollisionsrechts, welcher der Vermeidung von Normwidersprüchen dient. Man gelangt deshalb zu einem übergeordneten Hauptstatut, dem auch eng mit ihm zusammenhängende weitere Sachfragen unterworfen werden[28]. Fraglich ist allerdings, welche Rechtsbeziehung beim Dokumentenakkreditiv die anlehnungsfähige ist. Auf eine Formel gebracht, geht es um das Verhältnis von „dépeçage" und akzessorischer Anknüpfung. Ich komme darauf zurück (unten IV, 2).

2. Parteiautonomie und zwingendes Personalstatut

Eine andere Fallgruppe möchte ich vorstellen, bei der das vom Parteiwillen abhängige Statut der Bankgeschäfte auf die Schranken zwingender Normen des Personalstatuts stößt. Zwei weltberühmte Fälle, die große Nachlaßvermögen betrafen, sollen die Problematik verdeutlichen.

a) Schenkungen von Todes wegen

Der erste Sachverhalt liegt einer Entscheidung der Arrondissementbank Amsterdam vom 24. 3. 1970 zugrunde[29].

König Saud von Saudiarabien ging 1964 ins Exil. Von seinen über 100 Kindern folgten ihm 5 erwachsene Söhne. Am 15. 5. 1967 schrieb er einen Brief an den Direktor einer niederländischen Bank mit folgendem Inhalt:

„Kairo, 15. 5. 1967.

An den geehrten Herrn Direktor der Niederländischen Bank, möge Allah ihn beschützen
—
Grüße, und weiter: Verbuchen Sie einen Betrag von fünfundzwanzig Millionen US-Dollar (25.000.000 US $) zugunsten meiner anschließend namentlich genannten Söhne:

        1. Badr Bin Saud,
        2. Khalid Bin Saud,
        3. Thamir Bin Saud,
        4. Madjio Bin Saud,
        5. Mansour Bin Saud,

---

[28] Vgl. *Neuhaus*, oben Note 25, S. 138 (differenzierend nach inländischem und ausländischem Hauptstatut).

[29] Ned. Jur. 1971, 1206; deutsche Übersetzung bei *Kegel*, Die Schenkung von Todes wegen im deutschen internationalen Privatrecht, Xenion Zepos II (1973), S. 313 ff., 339 ff. Die folgende Darstellung des Sachverhalts und die Übersetzung des Briefes des saudiarabischen Königs sind dem Beitrag von Kegel entnommen.

2. Parteiautonomie und zwingendes Personalstatut

in der Weise, daß jeder von ihnen einen Betrag von fünf Millionen Dollar (5.000.000 US $) bekommt und daß sie hiervon in Kenntnis gesetzt werden; und dies unter der Bedingung, daß diese Beträge auf ihre Namen stehen bleiben und daß die Zinsen davon auf Unsere eigene Rechnung kommen, und daß wir uns das Recht vorbehalten, von ihnen allen zusammen oder einzeln diese Beträge zu entnehmen, wann Wir das wollen, und daß von meinen (genannten) Söhnen eine Einverständniserklärung mit diesen Bedingungen erhalten wird. Diese Beträge sollen ihnen nicht zur Verfügung gestellt werden, solange Wir leben, Allah helfe uns:

Saud al Saud"

Nach dem Tode des Königs verklagten drei der begünstigten Söhne die Bank. 73 weitere Erben beantragten die Zulassung als Hauptintervenienten unter Hinweis auf saudiarabisches Erbrecht, nach welchem das Rechtsgeschäft unwirksam sei.

Zunächst eine Vorbemerkung: Die Bedeutung des Erbrechts der islamischen Staaten wird in den Rechtsabteilungen der Banken wachsen, je mehr Angehörige der Erdölländer Einlagengeschäfte in Deutschland tätigen. Die starren Erbordnungen der einzelnen islamischen Schulen, das vierfach gestufte System der Erben[30] und seine Modifikationen durch die Gesetzgebung der Einzelstaaten[31] gehören bereits zum Alltag der deutschen Nachlaßgerichte, welche nach § 2369 BGB gegenständlich beschränkte Erbscheine, sogenannte Fremdrechtserbscheine, erteilen können, deren Vorlage von den Banken verlangt werden kann.

Zurück zu dem niederländischen Fall, der die Frage aufwarf, wem die Kontoguthaben nach dem Tode zustanden. Das Gericht in Amsterdam hat allein niederländisches Recht angewandt. Aufschlußreich ist die Argumentation. Das Gericht unterstellte die Vereinbarung zwischen König und Bank dem Recht am Sitz der Bank, der zugleich der Erfüllungsort war[32]. Es prüfte dann, ob diese Vereinbarung wegen Verstoßes gegen die Generalklauseln der Art. 1371, 1373 BW nichtig war, Bestimmungen, die in etwa den §§ 134, 138 BGB entsprechen[33]. Das

---

[30] Vgl. hierzu z. B. *Coulson*, Succession in the Muslim Family (1971); *Fyzee*, Outline of Muhammadan Law (4. Aufl. 1974), S. 387 ff.

[31] z. B. in Pakistan, vgl. Muslim Family Ordinance 1961 sec. 4, der abweichend vom klassischen Erbrecht der hanafitischen Schule die Erbfolge von Söhnen und Töchtern vorverstorbener Kinder des Erblassers vorsieht. Vgl. *Mirza*, Manual of Family Laws in Pakistan (1974), S. 6 - 7.

[32] Oben Note 29, 1209: „... daar de overeenkomst ... de meeste aanknopingspunten heeft met dit land, alwaar de Bank is gevestigd en de overeenkomst diende te worden uitgevoerd ..."

[33] Art. 1371 B.W., der die Nichtigkeit eines Vertrages ohne causa (oorzaak) oder mit einer falschen oder unerlaubten causa, anordnet, hat als Vorbild Art. 1131 C.c.fr., während Art. 1373 B.W. dem Art. 1133 C.c.fr. entspricht.

Gericht verneinte die Nichtigkeit, weil insoweit nur Regeln des niederländischen, nicht aber des saudiarabischen Rechts in Frage kämen.

Ganz anders ist es im deutschen internationalen Privatrecht. Ausländische Rechtsregeln werden von den Gerichten häufig im Rahmen des § 138 BGB herangezogen[34]. Ferner ist es mit Kegel als fragwürdig anzusehen, „den Bankkunden auch in seinen persönlichen Verhältnissen, gleichsam mit Haut und Haaren, dem Recht der Bank zu unterwerfen"[35]. Es genüge, so schreibt Kegel, daß die unwissende Bank sich auf ihr eigenes Recht berufen könne[36]. Allerdings bleibt das Problem, wo die Grenze zwischen Geschäftsstatut und zwingendem Personalstatut verläuft, namentlich bei Schenkungen von Todes wegen[37].

b) Güterrecht und „joint bank account"

Das Problem erhält einen besonderen Akzent dadurch, daß die Bedeutung der Parteiautonomie im internationalen Familien- und Erbrecht zunimmt[38]. Vor diesem Hintergrund ist der Fall Wyatt v. Fulrath zu sehen, den das höchste Gericht von New York, der Court of Appeals, 1965 entschied[39].

Der Herzog und die Herzogin von Arion, beide Spanier, hatten — ohne jemals nach New York zu kommen — seit 1919 von Spanien aus Geld auf New Yorker Banken überwiesen „for safekeeping and investment". Sie

---

[34] Vgl. *Steindorff,* Sachnormen im internationalen Privatrecht (1958), S. 197 ff.; *Schricker,* Gesetzesverletzung und Sittenverstoß (1970), S. 62 f., 70 ff.; *Schulze,* Das öffentliche Recht im internationalen Privatrecht (1972), S. 61 f. Zur Frage, ob ausländische Verbotsgesetze mit Hilfe einer Sonderanknüpfung im Rahmen des § 134 BGB bei deutschem Vertragsstatut Anwendung finden können, bejahend *Schulte,* oben Note 5, S. 42, 127.

[35] *Kegel,* oben Note 29, S. 327.

[36] Vorige Note.

[37] Für eine „Doppelqualifikation" dagegen *Winkler,* Die Schenkung auf den Todesfall im internationalen Privatrecht (Diss. München 1967), S. 182 ff.

[38] Zum *Güterrecht* vgl. den Entwurf einer Konvention über das auf die ehelichen Güterstände anwendbaren Rechts, den die Haager Konferenz ausgearbeitet hat (Conférence de La Haye de Droit international privé, 13. Session, Acte final vom 23. 10. 1976, S. 2 ff.). Hauptanknüpfungsmerkmal ist der Parteiwille, der aber auf bestimmte Rechte eingeschränkt ist. Es fällt allerdings auf, daß die Konvention nicht anwendbar sein soll „aux droits successoraux du conjoint survivant". Vgl. auch *Sturm,* Durchbruch der Grundrechte in Fällen mit Auslandsberührung, FamRZ 1972, 16 ff., 21. Zum *Erbrecht* vgl. *Kühne,* Die Parteiautonomie im internationalen Erbrecht (1973); vgl. auch *Heini,* Unorthodoxe Bemerkungen zu dem auf letztwillige Verfügungen anwendbaren Recht, ZSR 1970 I, 417 ff.

[39] Wyatt v. Fulrath, 211 N.E. 2d 637 (N.Y. 1965).

begründeten dort ein „joint bank account" nach New Yorker Recht[40]. Als der Herzog 1957 starb, hatten sich 2 275 000 Dollar angesammelt. Die Herzogin überwies weitere 370 000 Dollar aus Londoner Konten nach New York. Als auch sie starb, stritten sich die „personal representatives", um die Zugehörigkeit der Konten zu den jeweiligen Nachlässen. Die Rechtsnachfolger des Ehemannes stützten sich auf spanisches Güterrecht, nach welchem lediglich die Hälfte des Gesamtguts der „sociedad de ganaciales" auf die Ehefrau übergegangen sei[41]. Die Inhaber des Nachlasses der Herzogin machten die gesamte Summe geltend, da nach dem Bankrecht von New York das gesamte „joint account" beim Tode des Ehemannes der überlebenden Ehefrau zufalle[42].

In einer umstrittenen „4 : 3-Entscheidung" wandte das Gericht New Yorker Recht an. Die Hauptbegründung war, man müsse den Absichten der Parteien entsprechen, die ihre Zuflucht zum New Yorker Recht und zur „general stability of our Government" genommen hätten[43]. Der Gegeneinwand ist rasch formuliert: Es ist die Umgehung der heimischen Gesetze zum Schutze der Familie, die so erleichtert wird[44]. Somit gingen — wie ein Kritiker bemerkte[45] — 2 000 000 Dollar den spanischen Noterben verloren. Das „joint bank account" gehört ferner zu jenen Rechtsgeschäften unter Lebenden auf den Todesfall, welche zur Umgehung des „probate"-Verfahrens und der „administration" entwickelt wurden[46].

---

[40] Solche Rechtsgeschäfte haben häufig den Sinn, das umständliche und mit Kosten belastete Verfahren von „probate" und „administration" zu vermeiden; vgl. *Kietke*, Das Gemeinschaftskonto (joint bank account) von Ehegatten als Testamentsersatz im Recht der Vereinigten Staaten von Amerika (Diss. Kiel 1971), S. 41 ff.; *Tetiwa*, Grundzüge, Entstehung und Bedeutung des „estate planning" (Nachlaßplanung) im Recht der USA (Diss. Münster 1975), S. 118 ff.; *Rheinstein / Glendon*, The Law of Decedents' Estates, 3. Aufl. (1971), S. 612 ff., 630 - 644; *Ferid*, Die Bedeutung einer „joint tenancy" für deutsches Nachlaßvermögen unbeweglicher und beweglicher Art bei Erbfällen nach Amerikanern, DNotZ 1964, 517 ff. Auch im übrigen Bereich des Common Law setzt sich das „joint bank account" durch. Vgl. für Zypern Olympia M. Jacovides v. Katina G. Schiza and others [1967] 1 Cyprus L.R. 323, 337 (Supreme Court of Cyprus).

[41] Vgl. zur „sociedad de ganaciales" *Jayme / Kneip*, Zur spanischen Familienrechtsreform vom 2. Mai 1975 und ihren Auswirkungen auf den deutsch-spanischen Rechtsverkehr, FamRZ 1976, 185 ff., 188.

[42] Zum „right of survivorship", nach welchem dem überlebenden Ehegatten der Anteil des verstorbenen anwächst, vgl. *Kietke*, oben Note 40, S. 54 ff.

[43] Oben Note 39, 639.

[44] Vgl. *Jayme*, StAZ 1973, 287; *Ferid*, Internationales Privatrecht (1975), S. 294, Rdz. 9 - 13.

[45] *Weintraub*, Commentary on the Conflict of Laws (1971), S. 344. Vgl. dagegen In re Estate of Clark, 236 N.E. 2d 152, 157 N.4 (N.Y. 1968), wo sich das Gericht mit den Kritikern auseinandersetzt und zugleich die Wyatt-Entscheidung einschränkt.

Bereits im internen Bereich fehlt es hierzu nicht an Kritik, weil auf diese Weise die Interessen von Gläubigern und Familienangehörigen des Erblassers beeinträchtigt werden[47]. Es erscheint deshalb international gesehen umso weniger gerechtfertigt, daß New Yorker Banken Ausländern aus aller Welt für solche Umgehungsgeschäfte zur Verfügung stehen.

Insgesamt zeigen die beiden Fälle, daß bei Bankgeschäften das gesamte Spektrum des Kollisionsrechts eine Rolle spielen kann. Vor allem aber sieht man, daß Bankgeschäfte häufig Teile eines aus mehreren Rechtsbeziehungen zusammengesetzten wirtschaftlichen Geschehens sind. Kollisionsrechtlich stellt sich die Frage, ob man das Bankgeschäft herauslösen und gesondert anknüpfen kann. Ich komme auf dieses Problem zurück, nachdem das Verhältnis der internationalen Vertragsrechte im Bereich der Bankgeschäfte näher beleuchtet worden ist.

---

[46] In dem populären Handbuch von *Dacey*, How to Avoid Probate (37. Aufl. 1969), S. 10 ff., 12, wird allerdings u. a. aus steuerlichen Gründen von „joint property"-Geschäften abgeraten. Vgl. hierzu auch *Casner*, Estate Planning — Avoidance of Probate, Columbia L. Rev. 60 (1960), 108 ff., 116 ff.

[47] Vgl. *Rheinstein / Glendon*, oben Note 40, S. 612 N. 1.

III. Internationales Vertragsrecht heute

Ehe ich wieder auf die komplexen Bankgeschäfte eingehe, möchte ich in einem Exkurs einige Betrachtungen zum Stand des internationalen Vertragsrechts anstellen, und zwar bezüglich der kollisionsrechtlichen Techniken.

Im Rahmen der allgemeinen Verweisungsregeln ist festzustellen, daß eine Tendenz besteht, die Elemente des Vertragsschlusses — Angebot und Annahme — gesondert anzuknüpfen, d. h. vor allem das Recht des Schweigenden zu berücksichtigen[48]. Diese Strömung beruht auf dem Gedanken, daß ein Verhalten einer Partei nicht als rechtsgeschäftliche Erklärung zugerechnet werden kann, wenn sie nach ihren Rechtsvorstellungen nicht damit zu rechnen brauchte[49]. Dies gilt insbesondere für Allgemeine Geschäftsbedingungen (AGB)[50]. Anwendbar ist deshalb bei Distanzgeschäften das Recht am Geschäftssitz oder am gewöhnlichen Aufenthalt desjenigen Vertragspartners, der den AGB zustimmt, für die Frage, ob die AGB Vertragsinhalt geworden sind[51]. Das besondere Annahmestatut macht aber Rechtswahlklauseln in Allgemeinen Geschäftsbedingungen häufig hinfällig, wenn es strengere Anforderungen an die Annahme stellt als das dort bezeichnete Recht. Ein ähnliches

---

[48] BGH, 22. 9. 1971, BGHZ 57, 72, 77; Nachweise bei Jayme, oben Note 4, S. 513 N. 16. Selbst diejenigen, welche sich gegen eine „coupure" von Angebot und Annahme wenden, treten für eine Ausnahme im Bereich der Zurechnung des Schweigens ein. Vgl. für das belgische internationale Vertragsrecht *Gothot*, Rev. crit. dr. int. pr. 65 (1976), 665 ff., 669 f.

[49] Vgl. im portugiesischen IPR art. 35 III C.c.: O valor do silêncio como meio declaratorio é igualmente determinado pela lei da residência habitual comum e, na falta desta, pela lei do lugar onde a proposta foi recebida. Vgl. hierzu *Baptista Machado*, Lições de direito internacional privado (1974), S. 351 - 352. Die Bestimmung steht im Zusammenhang mit Absatz 2 des gleichen Artikels, welcher die Wertung eines Verhaltens als Rechtsgeschäft gesondert vom Geschäftsstatut an den gemeinsamen gewöhnlichen Aufenthalt von Erklärendem und Empfänger und bei Fehlen eines gemeinsamen gewöhnlichen Aufenthalts an den Ort des Verhaltens anknüpft.

[50] Vgl. hierzu *Reinmüller*, Das Schweigen als Vertragsannahme im deutsch-französischen Rechtsverkehr unter besonderer Berücksichtigung der Allgemeinen Geschäftsbedingungen (Diss. Mainz 1976).

[51] Einzelheiten sind umstritten. Vgl. hierzu z. B. *Hepting*, Die ADSp im internationalen Speditionsverkehr, RiW/AWD 1975, 457 ff.

Ergebnis kann sich ferner dann einstellen, wenn beide Partner allgemeine Geschäftsbedingungen verwenden, die jeweils auf das eigene Recht verweisen. Entfällt aber der Verweisungsvertrag, so treten objektive Anknüpfungen in den Vordergrund, hauptsächlich diejenige an die charakteristische Leistung[52], wie sie wohl auch im künftigen europäischen Obligationenkollisionsrecht Eingang finden wird[53].

Es läßt sich ferner beobachten, daß neben die klassischen Verweisungsregeln einseitige Kollisionsnormen treten, die häufig aus dem jeweiligen Schutzzweck der Sachnormen geschlossen werden. Kegel nennt sie in einer kritischen Studie „selbstgerechte Sachnormen"[54]. Daß zwingendes Schuldrecht unabhängig vom Vertragsstatut von den Gerichten gesondert angeknüpft wird, hatte *Wengler* in einer klassischen Studie beschrieben und zugleich Regeln für die Anknüpfung aufgestellt[55]. Auch im zukünftigen europäischen internationalen Schuldrecht sollen zwingende Vorschriften neben dem Vertragsstatut berücksichtigt werden, wenn sie Beziehungen („des liens") zu einem Vertrag aufweisen[56]. Die Nachteile jeder einseitigen Kollisionsnorm bestehen in der Gefahr von Normenhäufung und Normenmangel[57]. Wer ferner den

---

[52] Vgl. z. B. *Schnitzer*, Die funktionelle Anknüpfung im internationalen Vertragsrecht, Festschrift Schönenberger (1968), 387 ff.; *Batiffol / Lagarde*, Droit International Privé II (6. Aufl. 1976), S. 256 - 257. Für das Bankrecht vgl. *Canaris*, in HGB-Großkommentar III Lieferung 3, Anhang zu § 357, Bankvertragsrecht (1975), S. 1218 Anm. 1214 mit Nachweisen: Nach dieser Ansicht gilt im Verkehr mit Privatkunden das Recht der Bank, da sie die gewerbetypische Leistung erbringt, im Verkehr zwischen Banken das Recht desjenigen Vertragspartners, welcher die vertragstypische Leistung übernimmt.

[53] Vgl. hierzu *König*, Vereinheitlichung des internationalen Schuldrechts in der Europäischen Gemeinschaft, Europarecht 1975, 289 ff., 301; *Batiffol*, Projet de Convention C.E.E. sur la loi applicable aux obligations contractuelles, Rev. trim. dr. européen 11 (1975), 181 ff., 183.

[54] *Kegel*, Die selbstgerechte Sachnorm, Gedächtnisschrift Ehrenzweig (1976), S. 51 ff.

[55] Oben Note 3.

[56] Vgl. *König*, oben Note 53, 306.

[57] Normenhäufung und unerwünschte Pflichtenkollisionen entstehen im internationalen Bankrecht besonders dann, wenn Bankgeheimnis und Auskunftspflichten aufeinandertreffen. Vgl. *Wicki*, Der „Staatsvertrag zwischen der Schweizerischen Eidgenossenschaft und den Vereinigten Staaten von Amerika über gegenseitige Rechtshilfe in Strafsachen" aus der Sicht des Bankjuristen, SJZ 1974, 341 ff.; vgl. auch *Tercier*, Die Herausgabe im Ausland belegener Dokumente in der amerikanischen Rechtsprechung, RabelsZ 36 (1972) 341 ff.; *Großfeld*, Inländische Auskunftspflichten und ausländische Auskunftsverbote im internationalen Steuerrecht, Festschrift Michaelis (1972), S. 118 ff.

Schutzzweck der eigenen Sachnormen kollisionsrechtlich durchsetzt, nimmt möglicherweise dem zu schützenden Personenkreis den eventuell bestehenden Schutz des ausländischen Rechts[58]. Dies ist m. E. selbst im neuen AGB-Gesetz nicht erkannt[59], dafür aber im Gesetzentwurf über den Reiseveranstaltungsvertrag, in dem ein Günstigkeitsprinzip aufgestellt ist[60].

Betrachten wir nun einige Beispiele aus dem Bankrecht im Lichte dieser Entwicklungen.

1. Besonderes Annahmestatut: AGB

Zunächst die bekannte BGH-Entscheidung vom 18. 6. 1971[61]: Es ging um die Geltung der Allgemeinen Geschäftsbedingungen der deutschen privaten Banken gegenüber einer niederländischen Privatbank, welche dem Hinweis auf diese Bedingungen nicht widersprochen hatte. Der BGH meinte, es müsse nicht entschieden werden, ob das Annahmeverhalten gesondert anzuknüpfen sei. Von einer niederländischen Bank könne ein Widerspruch erwartet werden, zumal nach niederländischem Recht ein Hinweis auf niederländische Bankbedingungen für deren Geltung im Einzelfall genüge.

---

[58] Zur Anwendbarkeit ausländischen (puertorikanischen) Schutzrechts bei Alleinvertriebsverträgen entgegen der Rechtswahl der Parteien vgl. z. B. Southern International Sales Co., Inc. v. Potter & Brumfield Division of AMF Incorporated, 410 F. Supp. 1339 (S.D.N.Y. 1976). Allerdings hatte sich das Gericht zwischen zwei fremden Rechten zu entscheiden.

[59] Vgl. § 10 ABG-Gesetz. Es läßt sich diese Vorschrift aber möglicherweise dahin interpretieren, daß eine Kontrolle von AGB durch das ausländische Recht insoweit nicht ausgeschlossen sein soll.

[60] Bundestagsdrucksache 7/5141, § 6: Unterliegt der Vertrag ausländischem Recht oder dem Recht der Deutschen Demokratischen Republik und weicht dieses Recht zuungunsten des Reisenden von den Vorschriften dieses Gesetzes ab oder läßt es eine abweichende Vereinbarung zuungunsten des Reisenden zu, so sind die Vorschriften dieses Gesetzes gleichwohl zu berücksichtigen, wenn
1. der Vertrag aufgrund eines öffentlichen Angebots, einer öffentlichen Werbung oder einer ähnlichen im Geltungsbereich dieses Gesetzes entfalteten geschäftlichen Tätigkeit des Reiseveranstalters zustandekommt, und
2. der Reisende bei Abgabe seiner auf den Vertragsschluß gerichteten Erklärung seinen Wohnsitz oder gewöhnlichen Aufenthalt im Geltungsbereich dieses Gesetzes hat und seine Willenserklärung im Geltungsbereich dieses Gesetzes abgibt.

[61] NJW 1971, 2126, Anm. *Schmidt-Salzer* = NJW 1972, 681, Anm. *Pleyer / Ungnade*.

Kollisionsrechtlich ist die Entscheidung nicht genau. Allen materiellrechtlichen Überlegungen ist bei Fällen mit Auslandsberührung die Frage des anwendbaren Rechts vorgeschaltet. Man muß entweder das Vertragsstatut bestimmen oder kann mit einer neueren Strömung in Lehre und Rechtsprechung die Annahme von AGB gesondert anknüpfen. Die allgemeinen Überlegungen des BGH hängen in der Luft.

2. Einseitige Kollisionsnormen: Börsentermingeschäfte

Schwieriger ist das umstrittene Gebiet der Börsentermingeschäfte[62]. Man muß hier zunächst zwei Problembereiche trennen, nämlich die Frage nach dem anwendbaren Recht von dem Problem, ob das Börsengesetz bei Anwendbarkeit deutschen Rechts etwa auf Termingeschäfte an ausländischen Börsen ausgedehnt werden kann[63]. Hier interessiert nur die erste Fragestellung. Beispiel sei die BGH-Entscheidung vom 4. 6. 1975[64], deren erster Leitsatz lautet: § 61 BörsG ist eine Kollisionsnorm des deutschen internationalen Privatrechts.

Die Klägerin war eine amerikanische Maklerfirma, die an der Kakaobörse in New York tätig war, der Beklagte ein Deutscher mit Wohnsitz in Frankfurt, der bei der Klägerin ein Deckungskonto eröffnet und sie beauftragt hatte, für ihn Warentermingeschäfte in Kakao zu tätigen. Nach dem Eintritt erheblicher Verluste erwirkte die Klägerin ein Urteil eines amerikanischen Bundesgerichts gegen den Beklagten. Im vorliegenden Verfahren versuchte sie, ein Vollstreckungsurteil nach § 723 ZPO zu erlangen, um die Zwangsvollstreckung in Deutschland zu betreiben. Der BGH lehnte dies unter Hinweis auf § 61 BörsG ab. Der Beklagte gehörte nicht zu dem in § 53 f. BörsG genannten Personenkreis, war also nicht börsentermingeschäftsfähig. Der außerdem für anwendbar gehaltene Differenzeinwand der §§ 762, 764 BGB galt aber nach der Ansicht des BGH auch bei Geschäften von Deutschen im Ausland.

Aus der Fülle von Problemen interessiert in unserem Zusammenhang nur die Frage, ob § 61 BörsG als Kollisionsnorm zu verstehen ist. Die Bestimmung lautet:

---

[62] Vgl. hierzu *Horn*, Das Börsentermingeschäft in Wertpapieren mit dem Ausland (Diss. Frankfurt 1974).
[63] Vgl. hierzu *Schwark*, Börsentermingeschäfte von Inländern an ausländischen Plätzen, DB 1975, 2261 ff.; *Hadding / Wagner*, Börsentermingeschäfte an ausländischen Börsen und in ausländischen Wertpapieren, WM 1976, 310 ff.; *Franke*, Zur Rechtswirksamkeit der Aktien-Börsentermingeschäfte mit Auslandsberührung (gleichzeitig ein Beitrag zur Auslegung von § 63 Börsengesetz neuer Fassung), WM 1976, 730 ff.
[64] NJW 1975, 1600 = AWD 1975, 500, Anm. *Samtleben*.

2. Einseitige Kollisionsnormen: Börsentermingeschäfte

Die Vorschriften der §§ 52 - 60 finden auch Anwendung, wenn das Geschäft im Ausland geschlossen oder zu erfüllen ist.

Vom *Differenzeinwand* ist hier nicht die Rede; dessen unbedingte Geltung kann also nach richtiger Auffassung nicht auf § 61 BörsG gestützt werden. § 58 BörsG setzt die Anwendbarkeit der §§ 762, 764 BGB in diesem Bereich voraus; er ordnet aber nicht ihre internationale Durchsetzung an[65]. Anders ist es mit den Vorschriften über die Börsentermingeschäftsfähigkeit. § 61 bezieht sich auf § 53 BörsG. Von diesem Problem allein soll deshalb die Rede sein. Nach einhelliger Auffassung ist § 61 BörsG insoweit als Kollisionsnorm anzusehen. Es seien hierzu aber einige kritische Betrachtungen angestellt.

Der BGH stützt seine Auffassung zunächst auf die Reichsgerichtsentscheidung vom 15. Juni 1903[66], die den Zweck des § 68 I BörsG a. F. unter Hinweis auf die Entstehungsgeschichte folgendermaßen umschrieb:

Man hielt es für erforderlich, das Prinzip „locus regit actum" zu durchbrechen, um zu verhüten, daß der Inländer seine Börsentermingeschäfte nach dem Ausland verlegt.

Hierzu ist zunächst zu bemerken, daß das Prinzip „locus regit actum", d. h. die Maßgeblichkeit des Rechts des Abschlußortes im deutschen internationalen Vertragsrecht — außer für Probleme der Form (Art. 11 I Satz 2 EGBGB) — nicht mehr gilt. Auch vom Erfüllungsort ist man jüngst wegen der Schwierigkeiten mit zwei Erfüllungsorten bei gegenseitigen Verträgen abgekommen[67]. Die Norm setzt also ein System des internationalen Privatrechts voraus, das es nicht mehr gibt. Immerhin aber läßt sich ein kollisionsrechtlicher Ansatz in der Entstehungsgeschichte finden.

Der BGH stützt seine Auffassung ferner auf folgende Überlegung:

„Die maßgebende deutsche Kollisionsnorm des § 61 BörsG verweist nicht auf von unserer gesetzlichen Regelung abweichendes ausländisches Recht. Sie will vielmehr gerade das deutsche Recht immer und überall gegenüber Inländern zur Anwendung bringen. Dieser Gesetzeszweck würde verfehlt, wenn ausländische Urteile gegen im Inland wohnhafte Personen über Forderungen aus Börsentermingeschäften, in denen die deutsche Regelung der

---

[65] Vgl. *Stoll*, Kollisionsrechtliche Fragen beim Kommissionsgeschäft unter Berücksichtigung des internationalen Börsenrechts, RabelsZ 24 (1969), 601 ff., 638.

[66] RGZ 55, 183, 185.

[67] Vgl. BGH, 19. 9. 1973, BGHZ 61, 221, 224 unten.

Börsentermingeschäftsfähigkeit und der Differenzeinwand keine Beachtung gefunden haben, zur Vollstreckung in Deutschland anerkannt würden[68]."

Man sieht, der BGH schließt aus dem Schutzzweck der Vorschrift, daß sie eine einseitige Kollisionsnorm ist, und folgt somit einer Tendenz, in allen möglichen Schutznormen „versteckte" Kollisionsnormen zu sehen[69]. Dieser Denkvorgang verstößt m. E. gegen Grundregeln der kollisionsrechtlichen Mechanik. Einseitige Kollisionsnormen dieser Art gehen den allseitigen allgemeinen Regeln vor[70]. Gilt aber immer das deutsche Recht, so nimmt man dem Inländer den Schutz, den vielleicht ihm günstigere, auf den Vertrag anwendbare ausländische Börsengesetze gewähren. Der Blick über die Grenze wird verstellt. Es lassen sich nämlich strengere Regelungen als die der §§ 52 - 60 des deutschen Börsengesetzes denken. Je mehr auf vielen Gebieten der „Schutz des Schwächeren" in aller Welt sich durchzusetzen beginnt[71], desto weniger empfehlen sich einseitige Kollisionsnormen dieser Art, welche dem Inländer Vorteile des ausländischen Rechts vorenthalten. Richtigerweise haben Mainzer Autoren außerdem darauf hingewiesen, eine Verdrängung des Art. 30 EGBGB führe dazu, daß § 61 BörsG insoweit keinen Schutz gewähre, sondern ihn entziehe[72]. Zu denken ist nämlich daran, daß sich selbst für den Börsentermingeschäftsfähigen ungeahnte Risiken bei der Anwendung ausländischen Rechts ergeben, die der deutsche Gesetzgeber kaum bedacht hat und welche bei hinreichendem Inlandsbezug das Eingreifen der allgemeinen Vorbehaltsklausel nahelegen.

Die Schutztechnik des EGBGB war bereits um 1900 weiter entwickelt als die des Börsengesetzes. Inländischen Interessen verhalf das Günstigkeitsprinzip, etwa bei der Schlüsselgewalt in Art. 16 II EGBGB, zur Anwendung. Einseitige Kollisionsnormen in der Art des Börsengesetzes sind angesichts der Weltentwicklungen nicht flexibel genug. Der nahe-

---

[68] Oben Note 64, 1601.

[69] Vgl. hierzu *Neuhaus*, oben 25, S. 98 - 99; für „Consumer Credit Transactions" vgl. kritisch *Kelly*, Localising Rules in the Conflict of Laws (Adelaide 1974), S. 127 ff.; zum Versicherungsschutz für Unfallopfer vgl. — ebenfalls kritisch — *Baer*, Limited Automobile Accident Insurance and Choice of Law, McGill L.J. 19 (1973), 284 ff.

[70] Das RG, 15. 6. 1903, RGZ 55, 183, 185, hielt es für unzulässig, Art. 30 EGBGB beizuziehen. Es läßt sich m. E. aber auch denken, daß man § 61 BörsG so auslegt, daß er sowohl strengere ausländische Vorschriften des Vertragsstatuts nicht antasten als auch Art. 30 EGBGB bestehen lassen möchte.

[71] Vgl. allgemein *v. Hoffmann*, Über den Schutz des Schwächeren bei internationalen Schuldverträgen, RabelsZ 38 (1974), 510 ff.

[72] *Hadding / Wagner*, oben Note 63, S. 317 r. Sp.

liegende Einwand aber, daß Klarheit und Eindeutigkeit die Anwendung eigenen Rechts tragen, entbehrt angesichts so mancher umstrittener Fragen des Rechts der Börsentermingeschäfte an Überzeugung. Im internationalen Privatrecht geht es schließlich um das richtige, nicht um das klare Recht. Am Rande sei außerdem bemerkt, daß die generelle Zuerkennung der Börsentermingeschäftsfähigkeit an alle im Ausland lebenden Personen in § 53 II Nr. 2 BörsG und die sich daraus ergebenden Haftungsfolgen zu einer ungleichen Behandlung von gleichermaßen schützenswerten Personenkreisen führt. Differenzierungen nach dem Wohnsitz sind zwar im Kollisionsrecht üblich, einseitige Diskriminierungen sind jedoch unerwünscht. Es wäre denkbar, die Börsentermingeschäftsfähigkeit einer Person allgemein an den Wohnsitz anzuknüpfen. Dem im Ausland lebenden Personenkreis aber sowohl den Schutz des Börsengesetzes als auch den Schutz ihres Umweltrechts zu versagen, ist mißlich und international gesehen störend. Es würde — nach dem Vorbild des Art. 7 III Satz 1 EGBGB — eine Ausnahme für Inlandsgeschäfte genügen[73].

3. Datum-Theorie

Kommen wir zu einem weiteren Aspekt der neueren Entwicklung des internationalen Schuldrechts, nämlich der Datum-Theorie.

Die aus dem amerikanischen Kollisionsrecht stammende Theorie hat zwei Aspekte; sie betreffen „local data" und „moral data". Ich beginne mit den ersteren[74].

a) „Local data"

Langsam, aber sicher setzt sich die Erkenntnis durch, daß gewisse Regeln des ausländischen Rechts auch ohne Verweisung anwendbar sind. Sie betreffen vor allem ortsgebundene, meist öffentlichrechtlich fundierte Ordnungsvorschriften. Bei Verkehrsunfällen im Ausland sind — wie der BGH schreibt — die ausländischen Straßenverkehrsregeln aus der Natur der Sache heraus heranzuziehen[75]. Eine ganz andere Frage ist es, ob die zivilrechtlichen Folgen eines solchen Unfalls dem Recht des Deliktsorts zu entnehmen sind. Deliktsstatut und „local data" sind also zu unterscheiden. Überfährt ein Deutscher einen anderen

---
[73] Für eine Anwendung der allgemeinen Regeln auch *Fanara*, I contratti di borsa nel diritto internazionale privato, Diritto internazionale 1965 I, 18 ff., 54 - 56.
[74] Vgl. hierzu *Jayme*, oben Note 8.
[75] BGH, 23. 11. 1971, NJW 1972, 387.

Deutschen in London, so gilt deutsches Deliktsrecht, bei der Frage der Schuld kann aber nicht auf die englische Verkehrsregel verzichtet werden, wonach links, nicht rechts zu fahren ist. Solche „data" sind aber von der Frage des anwendbaren Rechts zu trennen.

Diese grundlegende Unterscheidung nimmt m. E. manchen Argumenten die Überzeugungskraft, die bei Bankgeschäften die Anwendung des Rechts am Sitz der Bank damit begründen, daß die Bank an gewisse Regeln gebunden sei[76]. Zutreffend bemerkt Kegel bei der Erörterung der Anknüpfung von Rechtsbeziehungen aus einem Akkreditiv: „Bei den Anforderungen, die an die Beschaffenheit von Dokumenten zu stellen sind, werden im übrigen, gleich welchen Staates Recht anwendbar ist, die Gebräuche des Ausstellungsorts der Dokumente zu beachten sein[77]." Ich möchte umgekehrt hinzufügen: Daß der Bankverkehr gewissen öffentlichrechtlichen Regeln unterliegt, spricht nicht ohne weiteres dafür, auch die privatrechtlichen Fragen dem Recht am Sitz der Bank zu unterstellen[78]. Daß ferner ein Akkreditiv auszulegen sein kann nach dem Recht der Bank, die es eröffnet hat[79], zwingt nicht dazu, alle im Rahmen eines Dokumentenakkreditivs entstehenden Rechtsbeziehungen dem Recht der eröffnenden Bank zu unterstellen. Die Auslegung von Rechtsgeschäften wird stets von „lokalen Regeln" beeinflußt, welches Recht auch immer Geschäftsstatut ist. Schließlich hindert die Tatsache, daß Geschäftsstatut für die Beziehungen zwischen Bank und Kunde das inländische Recht am Sitz der Bank ist, nicht die Anwendung ausländischen — auch öffentlichen[80] — Rechts für die Frage, wer Inhaber der Einlagen ist.

b) „Moral Data"

Schwieriger ist die Beurteilung der „moral data". Diese Theorie — von Ehrenzweig begründet oder, besser, ins Bewußtsein gehoben[81] —

---

[76] So *Stoufflet*, L'ouverture de crédit bancaire en droit international privé, Clunet 93 (1966), 582 ff., 584 mit Nachweisen.

[77] *Kegel*, oben Note 1, S. 241.

[78] Ähnliches gilt m. E. für Börsengeschäfte. Allerdings wird häufig die Bezugnahme auf Börsengebräuche zugleich als stillschweigende Wahl des Rechts am Sitz der Börse für das jeweilige Börsengeschäft angesehen. Vgl. hierzu *Fanara*, oben Note 73, 18 ff., 34 - 35.

[79] So das Schweizer Bundesgericht, 5. 12. 1961, BGE 87 II 234, 237.

[80] So überzeugend das Schweizer Bundesgericht, 1. 7. 1974, BGE 100 II 200, 206 (Anwendung algerischen öffentlichen Rechts), 209 (Schweizer Recht am Sitz der Bank).

[81] Vgl. *Ehrenzweig*, Local and Moral Data in the Conflict of Laws: Terra incognita, Buffalo Law Review 16 (1966), 55 ff.; *ders.*, The Lex Aequitatis

3. Datum-Theorie

besagt, auf eine kurze Formel gebracht, folgendes: Gerichte legen bei der Konkretisierung von Generalklauseln, die auf die guten Sitten, Treu und Glauben oder ähnliche Standards verweisen, stets die Maßstäbe der lex fori zugrunde. Dies sei auch gerechtfertigt, da dem Richter für die Beurteilung ausländischer sittlicher Maßstäbe der Erfahrungshorizont fehle. Mit anderen Worten, die Anwendung ausländischen Rechts läßt sich nach dieser Theorie hermeneutisch nicht bewältigen, weil das auslegende Subjekt nicht seiner Moral zuwider fremde gute Sitten erkennen kann.

Wählen wir als Beispiel einige Bemerkungen von Brändl aus seiner 1925 erschienenen grundlegenden Schrift „Internationales Börsenprivatrecht". Er beobachtet zunächst, daß „die lex fori als spezialisierte Anknüpfung der Verbindlichkeitsbeschränkungen des Auslandstermingeschäftes in der kontinentalen Rechtsprechung eine ausschlaggebende Rolle" spiele[82] und fährt fort:

„Es ist in der Tat durchaus begreiflich, wenn die Gerichte ihre Mitwirkung zur Durchsetzung von Ansprüchen versagen, die nach ihrer Rechtsordnung als anstößige, ja vielleicht sogar als unerlaubte erscheinen, mögen sie nun nach dem Rechte der Auslandsbörse begründet sein oder nicht, gleichgiltig ferner, ob In- oder Ausländer beteiligt sind. Rolins Einwand, der Ursprung der Verpflichtung könne in unseren Augen unrein sein, uns stehe es aber nicht zu, einen Vertrag, den Ausländer im Auslande vollkommen rechtswirksam eingingen, zu kritisieren, enthält denn doch eine gewisse Zumutung an die heimische Rechtspflege, deren Tätigkeit in Anspruch genommen wird[83]."

Man sieht ganz deutlich, daß die hier angesprochene Maßgeblichkeit der lex fori über das vom ordre public geforderte Maß hinausgeht, da eine hinreichende Inlandsberührung nicht einmal gefordert wird.

Gegen diese Theorie gibt es manches zu sagen. Erster Einwand: Was Brändl als „Zumutung an die heimische Rechtspflege" beschreibt, kommt der etwas später entstandenen Rechtsfigur der „wesenseigenen Zuständigkeit" deutscher Gerichte nahe, die als eigene Schranke für die gerichtliche Durchsetzung ausländischen Rechts verstanden wurde[84].

Fori: The Moral Datum, Gedächtnisschrift Vallindas (Sonderdruck), S. 135 ff.; ders., Dati di fatto e dati morali in diritto internazionale privato, Diritto internazionale 21 (1967 I), 246 ff.

[82] *Brändl*, Internationales Börsenprivatrecht (1925), S. 156. Mit ähnlichen Überlegungen, da es sich nämlich um Fragen der Moral handele, stützt *Cavaglieri*, Il diritto internazionale commerciale (1936), S. 419 ff., 429 ff., 431, die ausschließliche Geltung der lex fori für Differenzgeschäfte.

[83] *Brändl*, vorige Note, S. 157.

Diese Auffassung kann aber praktisch als überwunden gelten. Der BGH hat nämlich jene Grenze so weit gezogen, daß sie kaum noch eine Bedeutung besitzt. Er formuliert: Die Grenze liegt dort, wo die mit der Anwendung ausländischen Rechts

„deutschen Gerichten aufgegebene Tätigkeit von den sonstigen Aufgaben so wesensverschieden wäre, daß sie völlig aus dem in Deutschland dem Richter obliegenden Aufgabenbereich herausfiele"[85].

Dies kann aber beim Börsentermingeschäft nicht angenommen werden.

Zweiter Einwand: Bei der Ehrenzweigschen Theorie von den „moral data" ist zu differenzieren. Sehr häufig sind die ausländischen Moralvorstellungen in Gesetzen formuliert, die der inländische Richter durchaus erkennen kann. Der BGH hat ausländisches Recht sogar bei der Konkretisierung des § 138 BGB herangezogen[86]. So hat das Gericht z. B. bei einem deutschem Recht unterliegenden See-Güterversicherungsvertrag einen Sittenverstoß angenommen, weil er Kunstgegenstände betraf, die nigerianischen Ausfuhrverboten widersprachen[87]. Dies verlange das Interesse an der Wahrung der Anständigkeit im internationalen Verkehr mit Kunstgegenständen. Wenn aber schon bei der Anwendbarkeit inländischen Rechts die guten Sitten als internationalisierungsfähig erscheinen, so sind sie es umso mehr dann, wenn ein Rechtsgeschäft ausländischem Recht untersteht.

Weiter kann diese Frage hier nicht vertieft werden. M. E. verdient die Ansicht von Brändl selbst im Lichte der modernen Datum-Theorie keinen Beifall.

4. Methode der jurisdiktionellen Schwerpunktbildung
Forum non conveniens

Wir wissen heute, daß internationale Zuständigkeit und anwendbares Recht eng miteinander verflochten sind[88]. In manchen Bereichen verlagert sich die kollisionsrechtliche Schwerpunktbildung in die Juris-

---

[84] *Reu*, Die staatliche Zuständigkeit im IPR (1938), S. 171 ff., 173. Die dogmatische Einordnung dieser Rechtsfigur ist nicht ganz geklärt. Vgl. hierzu *Neuhaus*, oben Note 26, S. 403 - 406.

[85] BGH, 22. 3. 1967, BGHZ 47, 324, 333 - 334.

[86] Nachweise im oben Note 34 zitierten Schrifttum.

[87] BGH, 22. 6. 1972, BGHZ 59, 82, 86.

[88] Vgl. hierzu *Heldrich*, Internationale Zuständigkeit und anwendbares Recht (1969).

diktionsnorm und auch dort, wo die Trennung von internationalem Verfahrensrecht und internationalem Privatrecht fortbesteht, gibt das Heimwärtsstreben der Gerichte — von Ehrenzweig präziser als „stay-at-home trend bezeichnet[89] — der Bestimmung des Gerichtsstands häufig eine streitentscheidende Bedeutung.

Betrachtet man nun die Akkreditivfälle des LG Frankfurt, so fällt auf, daß § 23 ZPO, also der örtliche Gerichtsstand des Vermögens, ohne weiteres als internationaler begriffen wird[90]. Nach dieser Ansicht können ausländische Banken im Inland immer dann verklagt werden, wenn sie Konten bei einer inländischen Bank unterhalten, wie dies bei Akkreditiven ausländischer Käuferbanken in der Regel der Fall ist. Dies geht soweit, daß nicht nur inländische, sondern auch ausländische Gläubiger hier einen Gerichtsstand auch in Fällen finden, in denen sonst nicht der geringste Inlandsbezug vorliegt.

Zunächst sei daran erinnert, daß § 23 ZPO als sogenannter „exorbitanter Gerichtsstand" im Verhältnis zu den Alt-EWG-Staaten seit dem 1. 2. 1973 entfallen ist[91]. Auf der anderen Seite bestehen solche Gerichtsstände des Vermögens im Verkehr mit anderen Staaten weiter. Die Welt ist hier in Blöcke gespalten, für Afrika — im frankophonen Bereich — gilt das System von Antanarivo[92], in Europa das lückenlose System bilateraler Rechtshilfeabkommen im Osten, im Westen das bunte Bild multilateraler und zweiseitiger Staatsverträge. Exorbitante Gerichtsstände können auf der einen Seite innerhalb gewisser Staatengruppen ausgemerzt sein, auf der anderen Seite aber zu Lasten dritter Staaten fortbestehen[93].

---

[89] *Ehrenzweig*, oben Note 7, S. 101.

[90] Oben Note 11.

[91] Vgl. hierzu *Stauder*, Die Anwendung des EWG-Gerichtsstands- und Vollstreckungsübereinkommens auf Klagen im gewerblichen Rechtsschutz und Urheberrecht, GRUR Int. 1976, 465 ff., 470. Ausnahmen bestehen allerdings beim einstweiligen Rechtsschutz, vgl. *Grunsky*, EWG-Übereinkommen über die gerichtliche Zuständigkeit und die Vollstreckung gerichtlicher Entscheidungen in Zivil- und Handelssachen im deutsch-italienischen Rechtsverkehr, AWD 1977, 1 ff., 7 f. Zu den internationalen Reaktionen auf § 23 ZPO vgl. *Nadelmann*, Jurisdictionally Improper Fora in Treaties on Recognition of Judgments: The Common Market Draft, Columbia L. Rev. 67 (1967), 995 ff., 1011 - 1013, 1020 N. 149.

[92] Convention de Tananarive du 12. 9. 1961 sur la coopération en matière judiciaire. Zu den bilateralen Konventionen zwischen Frankreich und den frankophonen Staaten vgl. *Lampué*, Les questions de compétence judiciaire dans les rapports franco-africains, Recueil Penant 1974, 67 ff., 75 ff., *Batiffol-Lagarde* II oben Note 52 S. 384 N. 7.

Hier ist daran zu denken, die amerikanisch-schottische Lehre vom „*forum non conveniens*" heranzuziehen. Sie bedeutet, daß ein an sich zuständiges Gericht seine Zuständigkeit ablehnen kann, wenn ein ausländisches Gericht dem Fall näher steht[94]. Im zweiten Frankfurter Fall läßt sich die Frage stellen, ob ein deutsches Gericht für den Streit zwischen ausländischen Firmen und der nigerianischen Zentralbank wirklich das geeignete Forum war. In diesem Rahmen kann nur auf diese Lehre hingewiesen werden, welche die Starre der Zuständigkeitsregeln aufzulockern vermag[95].

Wenn man aber den — international gesehen — unerwünschten § 23 ZPO aufrechterhalten möchte, so muß man der Frage des anzuwendenden Rechts besondere Aufmerksamkeit widmen, um die „Exorbitanz" auszugleichen. Jenen Problemen wenden wir uns nunmehr wieder zu.

---

[93] Vgl. *Nadelmann*, oben Note 91, 1019 ff.; *Hay / Walker*, The Proposed Recognition-of-Judgments Convention Between the United States and the United Kingdom, Texas International Law Journal 11 (1976) 421 ff., 422, 443 - 444.

[94] Einzelheiten bei *Wahl*, Die verfehlte internationale Zuständigkeit (1974). Vgl. auch *Jayme*, Zur Übernahme der Lehre vom „forum non conveniens" in das deutsche internationale Verfahrensrecht, StAZ 1975, 91 ff. Im englischen Bereich und im Commonwealth spricht man affirmativ vom „forum conveniens", vgl. *Castel*, Canadian Conflict of Laws (1975), S. 281 ff.

[95] Aufschlußreich ist auch eine neuere New Yorker Entscheidung, nach welcher die Tatsache, daß eine ausländische Bank mit einer inländischen Korrespondenzbank in Beziehung stand, nicht als ausreichende Basis für die „jurisdiction" der New Yorker Gerichte im Rahmen des „long-arm-statute" gesehen wurde: Amigo Food Corporation v. Marine Midland Bank-New York, 241 N.E. 2d 581, 584 (N.Y. 1976). Vgl. allgemein *Bernstein*, Der lange Arm amerikanischer Gerichte, UFITA 76 (1976), 195 ff.

IV. Anknüpfung komplexer Bankgeschäfte

Banken und Sparkassen unterstellen ihre Rechtsgeschäfte mit Auslandsberührung häufig dem eigenen Recht und von daher ist der Schritt nicht weit, kollisionsrechtlich insgesamt alle Bankgeschäfte dem Recht am Sitz der Bank zu unterwerfen, wie es häufig vertreten wird[96]. Zur Begründung wird ferner darauf hingewiesen, daß die Tätigkeiten der Banken und Sparkassen als „charakteristische" oder „berufstypische" die Anwendung des Sitzrechts rechtfertige[97].

1. Direktansprüche

Nun gehört es aber gerade zum Erscheinungsbild des internationalen Bankverkehrs, daß an einem komplexen wirtschaftlichen Geschehen mehrere Banken beteiligt sind[98]. Die einzelnen Rechtsgeschäfte sind nur im Zusammenhang sinnvoll. Eine Aufteilung unter verschiedene Rechte wird fragwürdig. Das zeigt sich insbesondere dann, wenn der Gesetzgeber — jenseits des von den Vertragspartnern bestimmbaren Bereichs — Direktansprüche oder Forderungsübergänge anordnet, welche die einzelnen, vertraglich begründeten Beziehungen überlagern.

Beispiel sei eine Entscheidung der Corte d'Appello di Milano vom 19. 4. 1968[99]. Der Sachverhalt war folgender:

---

[96] *Kegel* in Soergel-Siebert, BGB VII (10. Aufl. 1970) Rz 249 vor Art. 7 EGBGB N. 7. *Canaris*, oben Note 52, Anm. 1214 (S. 1218); IPG 1973 Nr. 8 [Heidelberg], S. 55. *Freymond*, Questions de droit bancaire international, Recueil des Cours 131 (1970-III), 1 ff., 11, 14; *Vitta*, Diritto internazionale privato III (1975), 394 - 395. Vgl. auch die Nachweise bei *Batiffol / Lagarde*, oben Note 52, S. 271 N. 17. Schweizer Bundesgericht, 1. 7. 1974, BGE 100 II, 200, 209.

[97] *Kegel*, oben Note 1, 225; *Freymond*, vorige Note, 14.

[98] Zu Sonderproblemen der Rechtsnachfolge unter Banken vgl. Standard Bank Swaziland Ltd. v. Prins [1976(4)] S.A.R. 565 (C.P.D.) (Vollstreckung eines Urteils des High Court of Swaziland in Südafrika); United Bank v. Cosmic International, 392 F. Supp. 262 (S.D.N.Y. 1975); in diesem Fall stritten sich Banken aus Pakistan und Bangladesh um Forderungen, welche in den USA belegen waren.

[99] Zu dieser — soweit ersichtlich, nicht veröffentlichten — Entscheidung vgl. *Treves*, Sulla legge regolatrice dell'azione diretta del mandante nei con-

Eine Firma aus Hongkong hatte die National Commercial Bank der englischen Kronkolonie damit beauftragt, Forderungen gegen eine Mailänder Firma einzuziehen. Die Bank aus Honkong hatte ihrerseits eine Mailänder Bank mit der Beitreibung der Schulden betraut. Diese hatte anscheinend nichts unternommen. Firma und Bank aus Hongkong klagten daraufhin gegen die italienischen Vertragspartner.

Das italienische Recht gewährt nun in Art. 1717 IV Codice civile eine Direktklage des Auftraggebers gegen den Dritten, den der Mandatar seinerseits mit der Angelegenheit beauftragt hat. Es fragte sich nun, welchem Recht diese — anscheinend dem Recht von Hongkong unbekannte — Direktklage untersteht. Der Appellationshof Mailand wandte ohne weitere Überlegung — möglicherweise aufgrund einer prozessualen Qualifikation — italienisches Recht an. Im italienischen Schrifttum wird dies dagegen abgelehnt[100]. Maßgebend sei das Recht, das die Beziehung zwischen Kunde und Erstbank beherrscht, also das Recht von Hongkong. Sieht dieses Recht — so möchte man hinzufügen — einen erweiterten Schutz des Auftraggebers nicht vor, so erscheint ein Rückgriff auf das Recht des Dritten nicht gerechtfertigt. Die Technik ist die einer akzessorischen Anknüpfung, die sich an bereits vorhandene Rechtsverhältnisse anlehnt.

Die Frage, die sich nun stellt, geht dahin, ob man nicht komplexe Bankgeschäfte mit Auslandsberührung in der Weise entwirren kann, daß man Hauptgeschäfte unter Interessengesichtspunkten bestimmt, deren Statut dann für das gesamte Lebensverhältnis maßgebend ist.

2. Dokumentenakkreditiv

Kommen wir zum Dokumentenakkreditiv zurück. Zunächst ist festzuhalten, daß der Raum, welcher dem Kollisionsrecht verbleibt, relativ schmal ist, da die Einheitlichen Richtlinien und Gebräuche der Internationalen Handelskammer für Dokumenten-Akkreditive in der Regel den Vereinbarungen zugrundegelegt werden[101]. Immerhin läßt sich

---

fronti del sostituito nel mandato, Rivista di diritto internazionale privato e processuale 4 (1968), 848 ff., 849.

[100] *Treves*, vorige Note, 852 - 853.

[101] Das führt dazu, daß vielfach auch über die Einheitlichen Richtlinien hinaus die Gerichte den Handelsbräuchen folgen und ohne Erörterung des anwendbaren Rechts den Willen der Parteien auslegen. Vgl. z. B. Cass. com., 23. 2. 1976, J.C.P. 1977. II. 18536, Anm. *Stoufflet*. Der Fall betraf Rückzahlungsansprüche einer offenbar französischen Korrespondenzbank gegen einen französischen Verkäufer wegen Vorausleistungen auf ein Dokumentenakkreditiv, das die „Banque de Madagascar et des Comores" als Käuferbank einer italienischen Firma eröffnet hatte.

feststellen, daß diese Richtlinien nicht lückenlos alle Fragen regeln. Kollisionen gibt es außerdem zwischen den verschiedenen Fassungen. Sie sind ferner nicht zwingendes Recht; gerade der 2. Lagos-Fall des LG Frankfurt zeigt[102], daß über die Abtretbarkeit von Forderungen aus Akkreditiven verschiedene nationale Regelungen bestehen[103]. Diese können ferner — wie der 1. Lagos-Fall ergibt — auch die Einwendungen betreffen, welche die eröffnende Bank geltend machen kann. Schließlich ist gelegentlich streitig, ob eine Vereinbarung überhaupt ein Akkreditiv darstellt. In allen solchen Fällen ist das anwendbare nationale Recht zu bestimmen.

Wir hatten bereits gesehen, daß beim Akkreditivgeschäft eine Tendenz besteht, die einzelnen Rechtsbeziehungen verschiedenen Rechten zu unterstellen. Der Kaufvertrag zwischen Exporteur und Importeur wird wohl heute überwiegend dem Verkäuferrecht unterstellt, die Rechtsbeziehung aber zwischen der Käuferbank und dem begünstigten Verkäufer dem Recht der Käuferbank[104]. Beim Verhältnis der beiden Banken geht Kegel soweit, daß er einzelne Pflichten im Rahmen der gleichen Beziehung unterscheidet, wobei er für die Geschäftsbesorgung das Recht der Verkäuferbank, für die Zahlungsverpflichtung der Käuferbank deren Recht maßgebend sein läßt[105].

M. E. geht eine solche Spaltung zu weit. Auch gegen die Maßgeblichkeit des Rechts der Käuferbank bestehen Bedenken.

a) Dépeçage: Kaufvertrag und Akkreditiv

Betrachten wir zunächst das Verhältnis von Kaufvertrag und Akkreditiv. Nach den Einheitlichen Richtlinien (lit. c) haben die Banken in keiner Weise etwas mit den Kaufverträgen zu tun und sind nicht durch sie gebunden. Auf der anderen Seite sind Akkreditivklauseln heute Teile fast jeden grenzüberschreitenden Kaufvertrags. Art. 69 des Einheitlichen Gesetzes über den internationalen Kauf beweglicher Sachen zählt die Eröffnung eines Dokumentenakkreditivs zu den Pflichten

---

[102] Oben Note 11.
[103] Was die Abtretbarkeit angeht, so wird das Kollisionsrecht nicht durch die Einheitlichen Richtlinien verdrängt. Vgl. *Baxt*, Revision of the Uniform Customs and Practice for Documentary Credits, The Australian Law Journal 49 (1975) 694 - 695, der unter Hinweis auf Art. 47 schreibt: "Credits, if assignable under the governing law, are transferable even though they are not stated to be transferable ..."
[104] Zum Streitstand vgl. oben Noten 20 - 23.
[105] *Kegel*, oben Note 1, 240.

des Käufers. Die Unabhängigkeit beider Geschäfte, was ihre Voraussetzungen angeht, entspricht aber wohl gerade dem zum Handelsbrauch erstarkten Parteiwillen. Die Verpflichtungen des Käufers und seiner Bank können verschiedenen Rechtsordnungen unterstehen[106]. Verneint das Akkreditivstatut die Zahlungsverpflichtung, so werden dessen Normen als „data" im Rahmen des Kaufvertragsstatuts herangezogen, wie wir es auch sonst bei der Nichterfüllung von Verträgen kennen. Ob also der nigerianische Käufer sich gegenüber dem deutschen Verkäufer auf die nigerianischen Zahlungsverbote stützen kann, ist eine Frage der Auslegung der deutschen Regeln über Leistungsstörungen, in deren Rahmen auch ausländische Vorschriften faktisch berücksichtigt werden können[107].

b) *Akzessorische Anknüpfung: Gesamtschuld der beiden Banken*

Anders steht es mit den Zahlungsverpflichtungen der Banken gegenüber dem Begünstigten. Sie sollten m. E. einheitlich angeknüpft werden. Zwar geht es beim bestätigten Akkreditiv nach deutscher Auffassung um zwei getrennte, abstrakte Schuldversprechen. Es wäre aber mißlich, sie verschiedenen Rechtsordnungen zu unterwerfen. Ist etwa das Akkreditiv nach dem einen Recht übertragbar, nach dem anderen nicht, ergeben sich unerwünschte Pflichtenkollisionen für die beteiligten Banken. Man sollte also ein einheitliches Statut maßgebend sein lassen. Es fragt sich, welche Beziehung insoweit dominiert.

Zunächst sind Fallgruppen zu unterscheiden. Hat eine Käuferbank bei einer ausländischen Bank die Abwicklung der Zahlungen konzen-

---

[106] Das Auseinanderfallen von Vertragsstatut und Akkreditivstatut kann allerdings zu Mißlichkeiten führen, wenn z. B. die Lieferung nach dem Akkreditiv, nicht aber nach dem Vertrag in Ordnung ist. Vgl. hierzu *Ryder*, Einige umstrittene Fragen des Dokumentenakkreditivs, in: Rechtsfragen zum Dokumentenakkreditiv, oben Note 15, S. 19 ff., 22 (unter Hinweis auf die „de minimis"-Regel des englischen Rechts). Es entsteht ferner das Problem, ob der Käufer gegen seine Bank, die ein unwiderrufliches Akkreditiv zugunsten des ausländischen Verkäufers eröffnet hat, auf Unterlassung von Zahlungen klagen kann, wenn die Lieferungen mangelhaft sind. Eine solche Klage ist in der Regel unter Hinweis auf die Trennung der beiden Geschäfte abgelehnt worden, vgl. z. B. Discount Records Ltd. v. Barclays Bank Ltd. [1975] 1 W.L.R. 315. Ausnahmen bestehen dagegen bei fraudulösem Handeln des Verkäufers; vgl. die Anmerkung zu der letztgenannten Entscheidung in Australian Law Journal 49 (1975) 632 - 634. Das Problem unterschiedlicher Auffassungen der beiden anwendbaren Rechtsordnungen zur Frage der Erfüllung scheint aber bisher nicht aufgetaucht zu sein, weil die Gerichte den Begriff des „fraud" stets ihrem eigenen Recht unterstellten.

[107] Ähnlich *Wengler*, in Annuaire, oben Note 16, 216 ff., 218.

triert, so spricht vieles dafür, das Recht dieser Zahlstelle maßgebend sein zu lassen[108]. Man kann dabei mit Mertens sogar davon ausgehen, daß in solchen Fällen der Zahlungsort grundsätzlich die Rechtswahl impliziert[109]. In der Regel dürften nämlich alle Beteiligten mit der Maßgeblichkeit des Rechts der Zahlstelle einverstanden sein, wie z. B. auch der zweite vom Landgericht Frankfurt entschiedene Fall zeigt[110].

Eine solche stillschweigende Rechtswahl liegt allerdings dann wohl kaum vor, wenn mehrere Zahlstellen alternativ oder kumulativ vereinbart wurden. Es läge zunächst nahe, hier das Recht desjenigen Vertragspartners heranzuziehen, der die charakteristische Leistung erbringt. Dagegen spricht, daß beim Akkreditiv jede der beteiligten Banken berufstypisch handelt. Stellt man etwa auf die schwerer zu erfüllende Pflicht ab, so darf man auch nicht den Verkäufer vergessen, der die Dokumente beschaffen und vorlegen muß. Eine Spaltung aber in einzelne Pflichten, wie sie Kegel vorschlägt, ist abzulehnen, da sie die Zusammenhänge der Sachnormen zerreißt.

Jegliche objektive Interessenwertungen, die man unter kollisionsrechtlichen Gesichtspunkten nun anzustellen hat, stoßen auf gewisse Grenzen, da Kriterien für die Abwägung notwendigerweise unvereinbarer Interessen kaum zur Verfügung stehen. Man muß daher möglichst klare Regeln aufstellen, die zu vorhersehbaren Ergebnissen führen, an denen sich die Parteien orientieren können[111]. Ein Gesichtspunkt ist dabei die Internationalisierungsfähigkeit der Lösung, da auf diese Weise Disharmonien vermieden werden. Es läßt sich nun beobachten, daß in der ausländischen Lehre und Rechtsprechung die Maßgeblichkeit des Rechts der Korrespondenzbank dominiert[112]. In diesem Zusammen-

---

[108] Diese Überlegung verdanke ich Gesprächen mit Herrn Prof. Dr. Steindorff, München, der hierzu demnächst in einem Festschriftbeitrag umfassender Stellung nehmen wird. Vgl. auch *Zahn*, oben Note 22.

[109] *Mertens*, oben Note 11.

[110] Oben Note 11.

[111] Für den Bereich der „Liegegelder" (demurrage), die in den Akkreditivfällen des LG Frankfurt, oben Noten 11, streitig waren, umschreibt *Tiberg*, Arrived Ship and Demurrage: An English and a Swedish Approach, Scandinavian Studies in Law 20 (1976), 257 ff., 258, die Aufgabe der Gerichte, daß sie entscheiden sollen „in such a way as to provide future contractors with suitable instruments for shaping their relationship in a economically efficient manner".

[112] Zur französischen Lehre vgl. *Stoufflet*, oben Note 76, 598 - 599. Zur italienischen Lehre vgl. *Vitta*, oben Note 96, S. 396 (Nachweis in Note 200) - 397. Daß für das Rechtsverhältnis zwischen einer schwedischen eröffnenden Bank und einer New Yorker Korrespondenzbank New Yorker Recht anwendbar

hang gewinnt besondere Bedeutung die jüngste Entscheidung der Queen's Bench Division in Offshore International S.A. v. Banco Central Hijos de J. Barreras vom Mai 1976[113]:

Begünstigter war eine von Texas aus operierende Ölbohrfirma, die nach panamaischem Recht gegründet worden war. Die eröffnende Bank hatte wie der Vertragspartner des Begünstigten ihren Sitz in Spanien. Zahlstelle der in U.S. Dollars zu erfüllenden Verpflichtungen war die Chase Manhattan Bank in New York. Die Vereinbarung sah vor, daß das Akkreditiv als automatisch über den ursprünglich vorgesehenen Zeitraum hinaus verlängert angesehen werden sollte, wenn ein Schiedsgericht angerufen wurde. Nun stritten die Parteien darum, ob diese Bedingung erfüllt war oder nicht, wobei das spanische und das New Yorker Recht bezüglich der Wirksamkeit der Anrufung des Schiedsgerichts divergierten.

Das Gericht entschied, daß das New Yorker Recht das „proper law of the agreement" war und argumentierte, daß

„very great inconvenience would arise, if the law of the issuing bank were to be considered as the proper law. The advising bank would have constantly to be seeking to apply a whole variety of foreign laws"[114].

Die Schwierigkeiten bei der Feststellung ausländischen Rechts wurden also als besonders groß bei der Zahlstelle angesehen. Dieser Gedanke wird m. E. noch verstärkt, wenn die Zahlstelle im Lande des Begünstigten liegt, dessen Interessen dann ebenfalls für das Recht der Zahlstelle sprechen. Deshalb sollte, wenn Zahlstellen in verschiedenen Ländern vorgesehen sind, diejenige den Ausschlag geben, welche im Land des Begünstigten liegt.

Kehren wir zu den zwei Fällen des Landgerichts Frankfurt zurück[115]. Es ist der obiter geäußerten Ansicht des Gerichts zuzustimmen, welche

---

war, war in Kingdom of Sweden v. New York Trust Co., 96 N.Y.S. 2d 779 (Sup. Ct. 1949) anscheinend so selbstverständlich, daß die Frage des anwendbaren Rechts nicht berührt wurde. Zur Anwendung des Rechts der New Yorker Korrespondenzbank vgl. neuestens Zeevi and Sons, Ltd. v. Grindlays Bank (Uganda) Ltd., 333 N.E. 2d 168 (N.Y. 1975): Begünstigter war eine israelische Gesellschaft; die eröffnende Bank hatte ihren Sitz in Uganda, dessen Regierung die Einstellung von Zahlungen an israelische Bankkunden angeordnet hatte. Das Gericht wandte die „governmental-interest"-Methode an und kam so zu der Maßgeblichkeit New Yorker Rechts: "In order to maintain its pre-eminent financial position, it is important that the justified expectations of the parties of the contract be protected." Zur anderen Auffassung des Schweizer Bundesgerichts vgl. oben N. 79 und Text.

[113] Ausführlich berichtet in [1976] Lloyd's Law Reports 402 (Q.B.Com.Ct.) abgekürzt in [1976] 3 All E.R. 749. Den Hinweis auf diese Entscheidung verdanke ich Herrn Dr. Dieter *Martiny*, Hamburg.

[114] Vorige Note 404.

[115] Oben Note 11.

2. Dokumentenakkreditiv

im ersten Fall deutsches, im zweiten Fall New Yorker Recht für maßgebend hielt. Allerdings ist dabei folgendes zu beachten. Im ersten Fall ging es möglicherweise um nigerianische Leistungsverbote oder -hindernisse und es hat sich in diesem Bereich eine Lehre entwickelt, welche ausländische Leistungsverbote unabhängig vom Schuldstatut bei genügender Fallbeziehung anwenden möchte[116]. M. E. ist dies jedoch für jenen Bereich nicht der zutreffende Weg. M. E. sind ausländische Leistungsverbote, die auf öffentlichrechtlichen Erwägungen oder Vorschriften beruhen, bei inländischem Schuldstatut im Rahmen inländischer Generalklauseln zu beachten. Es läßt sich die Frage stellen, ob das nigerianische Recht als Tatsache oder „datum" mit vielen anderen Umständen zusammen bei der Beurteilung herangezogen werden sollte, ob etwa ein Rechtsmißbrauch oder ein sonstiger Verstoß gegen Treu und Glauben vorlag.

---

[116] Zur Unterscheidung zwischen „Anwendung" und „Berücksichtigung" ausländischen öffentlichen Rechts vgl. *Lalive*, in Annuaire, oben Note 16, S. 174 - 178 mit vielen Nachweisen.

V. Thesen

1. Für Rechtsgeschäfte der Banken gelten die Regeln des internationalen Vertragsrechts. Maßgebend ist der Parteiwille, hilfsweise das Recht der charakteristischen Leistung. Im Regelfall ist maßgebend das Recht am Sitz der Bank. Hiervon gibt es folgende Ausnahmen:

   a) Das Personalstatut des Kunden gilt, soweit Fragen der Geschäftsfähigkeit, des ehelichen Güterrechts und der Erbfolge betroffen sind.

   b) Für die Frage, ob die Allgemeinen Geschäftsbedingungen der Banken durch widerspruchslose Hinnahme Vertragsinhalt geworden sind, gilt bei Distanzverträgen das Wohnsitzrecht des Annehmenden.

   c) Unabhängig vom Vertragsstatut gelten ortsgebundene Regeln, z. B. über die Beschaffenheit von Dokumenten, als „local data".

2. Einseitigen Kollisionsnormen sollte mit Vorsicht begegnet werden. Der Schutzzweck einer Norm kann verfehlt werden, wenn man deren unbedingte Geltung trotz Anwendbarkeit ausländischen Rechts annimmt.

3. Die Theorie von der unbedingten Geltung der lex fori für „data moralia" ist im Bankrecht abzulehnen.

4. Bei komplexen Bankgeschäften stellt sich die Frage des Verhältnisses von „dépeçage" und „akzessorischer Anknüpfung".

   a) Direktansprüche des Bankkunden gegen die „Zweitbank" (z. B. Art. 1717 C.c.it.) werden akzessorisch an das Statut der Vereinbarung zwischen Kunde und „Erstbank" angeknüpft.

   b) Kaufvertrag und Akkreditiv sind kollisionsrechtlich trennbar.

   c) Die Verpflichtungen der beiden Banken gegenüber dem Begünstigten sollten einheitlich dem Recht am Sitz der Korrespondenz-Bank unterstellt werden. Sind mehrere Zahlstellen bestimmt, so gilt das Recht derjenigen Zahlstelle, welche im Verkäuferland liegt.

d) Daneben sind ausländische Leistungsverbote im Rahmen der Generalklauseln der lex fori zu berücksichtigen.

5. Bei der Frage der internationalen Zuständigkeit deutscher Gerichte sollte die amerikanisch-schottische Lehre vom forum non conveniens übernommen werden.

Anhang

Im folgenden sind einige im Text erwähnte Vorschriften aus Staatsverträgen wiedergegeben.

I. Einheitliches Gesetz über den internationalen Kauf beweglicher Sachen vom 17.7.1973 (BGBl. 1973 I 856, BGBl. 1974 I 358)

Art. 1

(1) Dieses Gesetz ist auf Kaufverträge über bewegliche Sachen zwischen Parteien, die ihre Niederlassung im Gebiet verschiedener Vertragsstaaten haben, in jedem der folgenden Fälle anzuwenden:

   a) wenn nach dem Vertrag die verkaufte Sache zur Zeit des Vertragsabschlusses oder später aus dem Gebiet eines Staates in das Gebiet eines anderen Staates befördert wird oder befördert werden soll;

   b) wenn die Handlungen, die das Angebot und die Annahme darstellen, im Gebiet verschiedener Staaten vorgenommen worden sind;

   c) wenn die Lieferung der Sache im Gebiet eines anderen als desjenigen Staates zu bewirken ist, in dem die Handlungen vorgenommen worden sind, die das Angebot und die Annahme darstellen.

(2) Hat eine Partei keine Niederlassung, so ist ihr gewöhnlicher Aufenthalt maßgebend.

(3) Die Anwendung dieses Gesetzes hängt nicht von der Staatsangehörigkeit der Parteien ab.

(4) Ist ein Vertrag durch Schriftwechsel zustande gekommen, so gelten das Angebot und die Annahme nur dann als im Gebiet desselben Staates vorgenommen, wenn die Briefe, Telegramme oder anderen urkundlichen Mitteilungen, in denen sie enthalten sind, im Gebiet dieses Staates abgesendet und empfangen worden sind.

(5) Für die Frage, ob die Parteien ihre Niederlassung oder ihren gewöhnlichen Aufenthalt in „verschiedenen Staaten" haben, gelten Staaten nicht als „verschiedene Staaten", wenn in bezug auf sie eine entsprechende Erklärung gemäß Artikel II des Übereinkommens vom 1. Juli 1964 zur Einführung eines Einheitlichen Gesetzes über den internationalen Kauf beweglicher Sachen wirksam abgegeben worden ist und noch weiter gilt.

Art. 2

Soweit dieses Gesetz nicht etwas anderes bestimmt, sind bei seiner Anwendung die Regeln des internationalen Privatrechts ausgeschlossen.

Art. 3

Den Parteien eines Kaufvertrages steht es frei, die Anwendung dieses Gesetzes ganz oder teilweise auszuschließen. Der Ausschluß kann ausdrücklich oder stillschweigend geschehen.

Art. 4

Dieses Gesetz ist auch anzuwenden, wenn die Parteien es als das Recht ihres Vertrages gewählt haben, gleichgültig, ob sie ihre Niederlassung oder ihren gewöhnlichen Aufenthalt im Gebiet verschiedener Staaten haben oder nicht und ob diese Staaten Vertragsstaaten des Übereinkommens vom 1. Juli 1964 zur Einführung eines Einheitlichen Gesetzes über den internationalen Kauf beweglicher Sachen sind oder nicht, jedoch nur soweit dieses Gesetz nicht in Widerspruch zu zwingenden Bestimmungen steht, die anzuwenden wären, wenn die Parteien das Einheitliche Gesetz nicht gewählt hätten.

Art. 69

Der Käufer hat die nach dem Vertrag, den Gebräuchen oder den geltenden Rechtsvorschriften erforderlichen Maßnahmen zur Vorbereitung oder Sicherung der Zahlung des Preises zu treffen, wie etwa einen Wechsel anzunehmen, ein Dokumenten-Akkreditiv zu eröffnen oder eine bankmäßige Sicherheit zu stellen.

II. Übereinkommen vom 27. 9. 1968 über die gerichtliche Zuständigkeit und die Vollstreckung gerichtlicher Entscheidungen in Zivil- und Handelssachen (BGBl 1972 II 773, 774, in Kraft seit 1. 2. 1973 BGBl. 1973 II 60, vgl. auch BGBl. 1973 I 126)

Art. 2. Vorbehaltlich der Vorschriften dieses Übereinkommens sind Personen, die ihren Wohnsitz in dem Hoheitsgebiet eines Vertragsstaats haben, ohne Rücksicht auf ihre Staatsangehörigkeit vor den Gerichten dieses Staates zu verklagen.

Auf Personen, die nicht dem Staate, in dem sie ihren Wohnsitz haben, angehören, sind die für Inländer maßgebenden Zuständigkeitsvorschriften anzuwenden.

Art. 3. Personen, die ihren Wohnsitz in dem Hoheitsgebiet eines Vertragsstaats haben, können vor den Gerichten eines anderen Vertragsstaats nur gemäß den Vorschriften des 2. bis 6. Abschnitts verklagt werden.

Insbesondere können gegen diese Personen nicht geltend gemacht werden:

in Belgien:	Artikel 15 des Zivilgesetzbuchs (Code civil) sowie die Artikel 52, 52 bis und 53 des Gesetzes vom 25. März 1876 über die Zuständigkeit (loi sur la compétence);
in der Bundesrepublik Deutschland:	§ 23 der Zivilprozeßordnung;
in Frankreich:	Artikel 14 und 15 des Zivilgesetzbuchs (Code civil);
in Italien:	Artikel 2, Artikel 4 Nrn. 1 und 2 der Zivilprozeßordnung (Codice di procedura civile);
in Luxemburg:	Artikel 14 und 15 des Zivilgesetzbuchs (Code civil);
in den Niederlanden:	Artikel 126 Absatz 3 und Artikel 127 der Zivilprozeßordnung (Wetboek van Burgerlijke Rechtsvordering).

Art. 5. Eine Person, die ihren Wohnsitz in dem Hoheitsgebiet eines Vertragsstaats hat, kann in einem anderen Vertragsstaat verklagt werden:

1. wenn ein Vertrag oder Ansprüche aus einem Vertrag den Gegenstand des Verfahrens bilden, vor dem Gericht des Ortes, in dem die Verpflichtung erfüllt worden ist oder zu erfüllen wäre;

2. wenn es sich um eine Unterhaltssache handelt, vor dem Gericht des Ortes, an dem der Unterhaltsberechtigte seinen Wohnsitz oder seinen gewöhnlichen Aufenthalt hat;
3. wenn eine unerlaubte Handlung oder eine Handlung, die einer unerlaubten Handlung gleichgestellt ist, oder wenn Ansprüche aus einer solchen Handlung den Gegenstand des Verfahrens bilden, vor dem Gericht des Ortes, an dem das schädigende Ereignis eingetreten ist;
4. wenn es sich um eine Klage auf Schadensersatz oder auf Wiederherstellung des früheren Zustandes handelt, die auf eine mit Strafe bedrohte Handlung gestützt wird, vor dem Strafgericht, bei dem die öffentliche Klage erhoben ist, soweit dieses Gericht nach seinem Recht über zivilrechtliche Ansprüche erkennen kann;
5. wenn es sich um Streitigkeiten aus dem Betrieb einer Zweigniederlassung, einer Agentur oder einer sonstigen Niederlassung handelt, vor dem Gericht des Ortes, an dem sich diese befindet.

Art. 17. Haben die Parteien, von denen mindestens eine ihren Wohnsitz in dem Hoheitsgebiet eines Vertragsstaats hat, durch eine schriftliche oder durch eine mündliche, schriftlich bestätigte Vereinbarung bestimmt, daß ein Gericht oder die Gerichte eines Vertragsstaats über eine bereits entstandene Rechtsstreitigkeit oder über eine künftige, aus einem bestimmten Rechtsverhältnis entspringende Rechtsstreitigkeit entscheiden sollen, so sind dieses Gericht oder die Gerichte dieses Staates ausschließlich zuständig.

Gerichtsstandsvereinbarungen haben keine rechtliche Wirkung, wenn sie den Vorschriften der Artikel 12 oder 15 zuwiderlaufen oder wenn die Gerichte, deren Zuständigkeit abbedungen wird, auf Grund des Artikels 16 ausschließlich zuständig sind.

Ist die Gerichtsvereinbarung nur zugunsten einer der Parteien getroffen worden, so behält diese das Recht, jedes andere Gericht anzurufen, das auf Grund dieses Übereinkommens zuständig ist.

Art. 18. Sofern das Gericht eines Vertragsstaats nicht bereits nach anderen Vorschriften dieses Übereinkommens zuständig ist, wird es zuständig, wenn sich der Beklagte vor ihm auf das Verfahren einläßt. Dies gilt nicht, wenn der Beklagte sich nur einläßt, um den Mangel der Zuständigkeit geltend zu machen, oder wenn ein anderes Gericht auf Grund des Artikels 16 ausschließlich zuständig ist.

Art. 24. Die in dem Recht eines Vertragsstaats vorgesehenen einstweiligen Maßnahmen einschließlich solcher, die auf eine Sicherung gerichtet sind, können bei den Gerichten dieses Staates auch dann beantragt werden, wenn für die Entscheidung in der Hauptsache das Gericht eines anderen Vertragsstaats auf Grund dieses Übereinkommens zuständig ist.

III. Protokoll betreffend die Auslegung des Übereinkommens vom 27. 9. 1968 über die gerichtliche Zuständigkeit und die Vollstreckung gerichtlicher Entscheidungen in Zivil- und Handelssachen durch den Gerichtshof vom 7. 6. 1971, BGBl. 1972 II 846

Artikel 1

Der Gerichtshof der Europäischen Gemeinschaften entscheidet über die Auslegung des am 27. September 1968 in Brüssel unterzeichneten Übereinkommens über die gerichtliche Zuständigkeit und die Vollstreckung gerichtlicher Entscheidungen in Zivil- und Handelssachen, des dem Übereinkommen beigefügten, am selben Tag und am selben Ort unterzeichneten Protokolls und über die Auslegung des vorliegenden Protokolls.

Artikel 2

Folgende Gerichte können dem Gerichtshof eine Auslegungsfrage zur Vorabentscheidung vorlegen:

1. in Belgien: der Kassationsgerichtshof (Cour de Cassation — Hof van Cassatie) und der Staatsrat (Conseil d'Etat — Raad van State),

   in der Bundesrepublik Deutschland: die obersten Gerichtshöfe des Bundes,

   in Frankreich: der Kassationsgerichtshof (Cour de Cassation) und der Staatsrat (Conseil d'Etat),

   in Italien: der Kassationsgerichtshof (Corte Suprema di Cassazione),

   in Luxemburg: der Obergerichtshof als Kassationsgericht (Cour supérieure de Justice siégeant comme cour de cassation),

   in den Niederlanden: der Hohe Rat (Hoge Raad);

2. die Gerichte der Vertragsstaaten, sofern sie als Rechtsmittelinstanz entscheiden;

3. in den in Artikel 37 des Übereinkommens vorgesehenen Fällen die in dem genannten Artikel angeführten Gerichte.

Artikel 3

(1) Wird eine Frage zur Auslegung des Übereinkommens oder einer anderen in Artikel 1 genannten Übereinkunft in einem schwebenden Verfahren bei einem der in Artikel 2 Nr. 1 angeführten Gerichte gestellt und hält dieses Gericht eine Entscheidung darüber zum Erlaß seines Urteils für erforderlich, so ist es verpflichtet, diese Frage dem Gerichtshof zur Entscheidung vorzulegen.

(2) Wird eine derartige Frage einem der in Artikel 2 Nr. 2 und 3 angeführten Gerichte gestellt, so kann dieses Gericht unter den in Absatz 1 festgelegten Voraussetzungen diese Frage dem Gerichtshof zur Entscheidung vorlegen.

IV. Entscheidungen des Europäischen Gerichtshofs zu Art. 17 (vgl. oben II)

1) EuGH, 14. 12. 1976 — 24/76

Dem Erfordernis der Schriftlichkeit nach Artikel 17 Absatz 1 des Übereinkommens vom 27. September 1968 über die gerichtliche Zuständigkeit und die Vollstreckung gerichtlicher Entscheidungen in Zivil- und Handelssachen ist bei einer Gerichtsstandsklausel, die in den auf der Rückseite der Vertragsurkunde abgedruckten allgemeinen Geschäftsbedingungen einer Partei enthalten ist, nur dann genügt, wenn der von beiden Parteien unterzeichnete Vertragstext ausdrücklich auf diese allgemeinen Geschäftsbedingungen Bezug nimmt.

Eine in einem Vertrag enthaltene Bezugnahme auf frühere Angebote, welche ihrerseits auf die eine Gerichtsstandsklausel enthaltenden allgemeinen Geschäftsbedingungen einer Partei hingewiesen haben, genügt dem Erfordernis der Schriftlichkeit nach Artikel 17 Abs. 1 des Übereinkommens nur dann, wenn der Hinweis ausdrücklich erfolgt ist, eine Partei ihm also bei Anwendung normaler Sorgfalt nachgehen kann.

2) EuGH, 14. 12. 1976 — 25/76

Den Formerfordernissen des Artikels 17 Absatz 1 des Übereinkommens vom 27. September 1968 über die gerichtliche Zuständigkeit und die Vollstreckung gerichtlicher Entscheidungen in Zivil- und Handelssachen ist im Falle eines mündlich geschlossenen Vertrages nur dann genügt, wenn die schriftliche Bestätigung durch den Verkäufer, der dessen allgemeine Geschäftsbedingungen beigefügt sind, vom Käufer schriftlich angenommen worden ist.

Der Umstand, daß der Käufer einer einseitigen Bestätigung durch die andere Vertragspartei nicht widerspricht, ist hinsichtlich der Gerichtsstandsklausel nicht als Annahme anzusehen, es sei denn, der mündlich geschlossene Vertrag füge sich in laufende Geschäftsbeziehungen ein, die zwischen den Parteien auf der Grundlage der eine Gerichtsstandsklausel enthaltenen allgemeinen Geschäftsbedingungen einer Partei bestehen.

V. Vorentwurf eines Übereinkommens über das auf vertragliche und außervertragliche Schuldverhältnisse anwendbare Recht (RabelsZ 1974, 211 ff.)

Art. 2 Abs. 1

Der Vertrag untersteht dem von den Parteien gewählten Recht. Die Erfordernisse für die Gültigkeit der Einigung der Parteien über das anzuwendende Recht bestimmen sich nach diesem Recht.

Art. 4

Fehlt es an einer ausdrücklichen oder stillschweigenden Rechtswahl, so untersteht der Vertrag dem Recht des Staates, mit dem er die engsten Verbindungen aufweist.

Es ist dies der Staat,

a) in dem die Partei, welche die charakteristische Leistung zu erbringen hat, im Zeitpunkt des Vertragsabschlusses ihren gewöhnlichen Aufenthalt hat;

b) in dem diese Partei im Zeitpunkt des Vertragsabschlusses ihre Niederlassung hat, sofern die charakteristische Leistung in Erfüllung eines Vertrages zu erbringen ist, der in Ausübung einer beruflichen Tätigkeit abgeschlossen worden ist;

c) in dem sich eine Zweigniederlassung dieser Partei befindet, sofern sich aus dem Vertrag ergibt, daß die charakteristische Leistung von dieser Niederlassung zu erbringen ist.

Der vorstehende Absatz ist nicht anzuwenden, wenn die charakteristische Leistung, der gewöhnliche Aufenthalt oder die Niederlassung nicht bestimmt werden können oder wenn sich aus den gesamten Umständen ergibt, daß der Vertrag engere Verbindungen mit einem anderen Staat aufweist.

Sachverzeichnis

Die Zahlen verweisen auf die Seiten bzw. Fußnoten.

Akkreditiv (siehe Dokumentenakkreditiv)
Allgemeine Geschäftsbedingungen 19, 21 - 22
Alleinvertriebsverträge 21 N. 58
Anknüpfung
— akzessorische 10, 13 - 14, 32
— Sonderanknüpfung 11, 16 N. 34, 19, 20, 21 - 22
Arrestprozeß 10, 11

Bangladesh 31 N. 98
Bankgeheimnis 20 N. 57
Bankrecht
— Auskunftspflichten 20 N. 57
— Staatsbanken 11
Belgien
— Vertragsstatut 19 N. 48
Bereicherungsstatut 11 N. 16
Bermudas 12
Börsengeschäfte 26 N. 78, 27
Börsentermingeschäfte 22 - 25, 27 - 28
— Differenzeinwand 22, 23, 24
— Geschäftsfähigkeit 23, 24, 25

Datum-Theorie 8, 25 - 28, 34
— local data 25 - 26
— moral data 26 - 28
Deliktsstatut 25
Demurrage (siehe Liegegelder)
Dépeçage 8, 10, 14, 33
Devisenrecht 11 N. 16
Direktansprüche 31 - 32
Dokumentenakkreditiv 10, 26, 29, 32 - 37
— Auslegung 26
— bestätigtes 10, 13, 34
— Einheitliche Richtlinien 10 - 11, 32
— Käuferbank 33
— Korrespondenzbank 12
— Recht der Zahlstelle 11, 12, 35
— Übertragbarkeit 12, 33, 34
Doppelqualifikation 16 N. 37

Ehegüterrecht 16 - 18
Eingriffsnormen 8
Einheitliche Richtlinien für Dokumentenakkreditive 10 - 11, 33 - 34
Einheitliches Kaufrecht 7 N. 3, 40 - 41
Erbschein 15
Erbstatut 15 - 16
Erfüllungsort 8 N. 10, 12, 23
EWG-Übereinkommen
— Erfüllungsort 8 - 9 N. 10
— gerichtliche Zuständigkeit etc. 8 - 9 N. 10, 29, 41 - 44
— Schuldrecht 20 N. 53, 44

Forum non conveniens 8 - 9 N. 10, 28, 30
Frankreich
— Schweigen als Vertragsannahme 19 N. 50

Generalklauseln 27, 37
Gerichtsbarkeit 11
Governmental-interest doctrine 35 bis 36 N. 112
Großbritannien
— Akkreditivstatut 36
Günstigkeitsprinzip 21, 24
Gute Sitten
— § 138 BGB 16, 28

Haager Ehewirkungsabkommen 16 Nr. 38
Hongkong 32

Immunität 11
Internationale Zuständigkeit 11
— Arrest 11
— exorbitante Gerichtsstände 29
— Gerichtsstand des Vermögens 29
Internationales Vertragsrecht 8, 12, 19 - 21
— Annahmestatut 21 - 22
— Sitz der Bank 15, 20 N. 52, 26, 31
Italien
— Direktanspruch 31 - 32

Joint bank account 16 - 18
Joint tenancy 17 N. 40
Jurisdiktionelle Methode 8, 28 - 29

Kaufvertrag 13, 33 - 34
Kollisionsnormen
— einseitige 22 - 24
— versteckte 24
Kunstgegenstände 28

Liegegelder 10, 12, 35 N. 111

Natur der Sache 25
New York
— Dokumentenakkreditiv 12, 35 - 36 N. 112
— joint bank account 16 - 18
— jurisdiction 30 N. 95
— Vertragsstatut 21 N. 58
Niederlande
— Allgemeine Geschäftsbedingungen 21
— Schenkung von Todes wegen 14 - 16
— Vertragsrecht 15 N. 33
Nigeria
— Ausfuhrverbote 28
— Bankrecht 10 N. 13
— Transportrecht 11, 37
— Zentralbank 10
Normenhäufung 20

Öffentliches Recht 11
— ausländisches, Anwendung 11, 16 N. 34, 26, 37
Ordre public 24
Österreich
— Devisenrecht 11 N. 16

Pakistan
— Banken 31 N. 98
— Erbrecht 15 N. 31
Parteiautonomie 11, 12, 14
— Ehegüterrecht 16 N. 38
— Erbrecht 16 N. 38
— Rechtswahl 35
— Schranken 11 N. 16
Personalstatut 14 - 18
Portugal
— Sonderanknüpfung 19 N. 49
Puerto Rico 21 N. 58

Qualifikation 11, 32
Rechtsnachfolge 31 N. 98
Reiseveranstaltungsvertrag 21

Saudiarabien
— Erbrecht 15
Schenkungen von Todes wegen 14 - 16
Schlüsselgewalt 24
Schweiz
— Akkreditivstatut 26 N. 79 - 80
— Bankgeheimnis 20 N. 57
See-Güterversicherung 28
Spanien
— Akkreditiv 36
— Ehegüterrecht 17
Sprachrisiko 8 N. 4
Südafrika
— Banken, Rechtsnachfolge 31 N. 98
Swaziland 31 N. 98

Transnationales Recht 7

Uganda 35 - 36 N. 112
Umgehung 17
Ungerechtfertigte Bereicherung 11 N. 16
Uniform Commercial Code 12 N. 19

Vertragsabschluß 21 - 22
— Schweigen 19
Vertragsstatut 12
— berufstypische Leistung 12, 31
— charakteristische Leistung 12, 20, 31
— Erfüllungsort 12, 23
— locus regit actum 23
— Rechtswahl 35
Völkerrecht (siehe Gerichtsbarkeit, Immunität)
Vollstreckung
— ausländische Entscheidungen 22

Wesenseigene Zuständigkeit 27 - 28

Zahlstelle
— Recht der 35, 37
Zuständigkeit (siehe forum non conveniens, internationale Zuständigkeit, wesenseigene Zuständigkeit)
Zypern
— joint bank account 17 N. 40

Printed by Libri Plureos GmbH
in Hamburg, Germany